Liebe Leserinnen, liebe Leser!

*Der Fotograf **Arthur F. Selbach** ist in Hamburg zu Hause und war speziell für diesen HB Bildatlas mehrfach in Südafrika auf Motivsuche.*

Wenn ich an Südafrika denke, sehe ich eine Sandpiste vor mir, gesäumt von dichtem Buschwerk, doch plötzlich teilen sich die Zweige, ein riesiger Elefant durchbricht das Gebüsch und schreitet unmittelbar vor unserem Mietwagen über die „Straße“. Gleich darauf kommt ein zweiter und noch einer, die Kameras klicken ....

Eine Welt in einem Land

Im Krüger-Nationalpark kann man vor jeder Wegbiegung darauf gefasst sein, einem Vertreter der „Big Five“, also Elefant, Nashorn, Büffel, Löwe oder Leopard, gegenüberzustehen. Aber auch eine Herde Gazellen oder majestätisch dahinschreitende Giraffen sind ein einmaliges Beobachtungserlebnis. Und dabei sind sensationelle Tiersafaris nur eines der vielen Highlights in Südafrika. Endlose Sandstrände, sturmumtoste Felsküsten, grandiose Bergketten, Wüsten und Wälder und nicht zuletzt zauberhafte Städte, geprägt von kapholländischem und viktorianischem Baustil tragen zum unverwechselbaren Charme Südafrikas bei – wahrlich eine Welt in einem Land!

Mixtur aus Afrika und Europa

Eine Reise nach Südafrika bedeutet aber auch die Konfrontation mit völlig unterschiedlichen Kulturen. Hier treffen afrikanische und europäische Lebensarten ganz unmittelbar aufeinander. Für Reisende ergibt sich daraus eine glückliche Mixtur, einerseits exotische Abenteuer, andererseits eine ausgezeichnete Infrastruktur. Und die bunte ethnische Mischung sorgt übrigens auch für eine interessante kulinarische Kultur. Im Kapitel „Savoir vivre“ stellen wir Ihnen besondere Spezialitäten des Landes vor – wie wäre es mit Krokodilrippchen oder mit Straußenfleisch oder bevorzugen Sie ein indisches Curry? Dazu passt natürlich einer der hervorragenden Weine vom Kap, wir verraten Ihnen auf welchen traditionsreichen Weingütern Sie die guten Tropfen verkosten können.
Südafrika ist ein Erlebnis für alle Sinne. Dieser HB Bildatlas liefert Ihnen bereits einen Vorgeschmack darauf.

Herzlich Ihre

Birgit Borowski
Programmleiterin HB Bildatlas

„Lauter Ort“

Seite 96–107

Nur die Augrabies Falls – in der Sprache der Einheimischen bedeutet dies „Ort der lauten Sprache“ – unterbrechen die Stille der Kalahari-Wüste. Besonders schön ist Region im Frühling, wenn die Wüste blüht.

Kap der Stürme

Seite 18–29

Stets sturmumtost präsentiert sich das Kap der Guten Hoffnung am südwestlichen Ende Afrikas – eines der schönsten Ausflugsziele von Kapstadt.

Land der Reben

Seite 30–41

Rund um Kapstadt befinden sich die renommiertesten Weingüter des Landes – inmitten einer bezaubernden Landschaft.

Das Reich der Tiere

Seite 70–83

Kruger National Park: Nirgendwo in Afrika kann man so leicht so viele verschiedene Wildtiere in freier Wildbahn beobachten.

INHALT

Kruger National Park 70-83
Westküste 96-107
Metropolen im Norden 84-95
Garden Route - Karoo 42-55
Weinland am Kap 30-41
Kapstadt 18-29
Südosten 56-69
01
02
03
04
05
06
07
08
09
10
11
ATLANTIC
OCEAN
A N G O L A
Z A M B I A
Z I M B A B W E
N A M I B I A
B O T S W A N A
SUID-AFRIKA
SOUTH AFRICA
LESOTHO
SWAZILAND
Kalahari Desert
Okavango Delta
Namib Desert
Drakensberge
Witwatersrand
Lobito
Benguela
Huambo
Lubango
Menongue
Lusaka
Livingstone
Harare
Bulawayo
Windhoek
Walvis Bay
Swakopmund
Lüderitz
Gaborone
Ghanzi
Maun
Kasane
Pretoria
Johannesburg
Soweto
Maputo
Mbabane
Bloemfontein
Kimberley
Upington
Maseru
Durban
Pietermaritzburg
Port Elizabeth
East London
Oos-Londen
Kaapstad
Cape Town
Kaap die Goeie Hoop
Cape of Good Hope
Kaap Agulhas
Mosselbaai
Mossel Bay
George
Knysna
Worcester
Malmesbury
Springbok
Polokwane
Nelspruit
Mahalapye
Palapye
Francistown
Nata
Tsumeb
Grootfontein
Keetmanshoop
Gobabis
Mamuno
Port Nolloth
Alexanderbaai
Calvinia
Beaufort-Wes
Colesberg
Richard's Bay
Maßstab 1:11.000.000
0
200 km

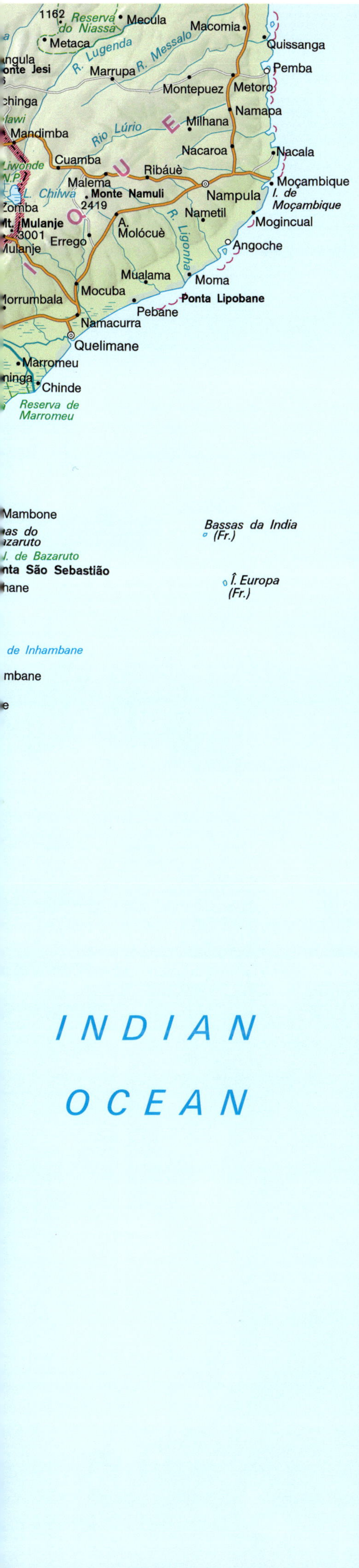

DIE BESTEN TIPPS DER REDAKTION

AKTIV

01 Wenn „de Berg“ ruft — 29

Vom 1087 m hohen Tafelberg bietet sich eine phantastische Sicht auf Kapstadt und die Kap-Halbinsel – allerdings nur, wenn der Berg wolkenfrei ist. Über 300 Wanderwege und Kletterpfade führen hinauf.

ERLEBEN

02 Kapstadts weltoffenes Herz — 29

Bo Kap ist eines der interessantesten Viertel Kapstadts: Zwischen den Moscheen und Häusern, auf den Plätzen und in den Innenhöfen, aus den offenen Fenstern und von den Terrassen und Balkonen pulsiert das lärmige, fröhliche, weltoffene Herz Kapstadts.

03 „Kap der Stürme“ — 29

Jedes Jahr zieht eine grandiose Landschaft Hunderttausende in den 8000 ha großen Cap Peninsula National Park am Kap der Guten Hoffnung. Und fast immer heult ein starker Wind am südwestlichen Ende Afrikas.

04 Koloniale Perle — 41

Stellenbosch gehört zu den am besten erhaltenen Städten aus der Zeit der Holländisch-Ostindischen Kompanie. Besonders schön ist das Städtchen rund um den Platz Die Braak und die Dorp Street mit einigen bedeutenden historischen Gebäuden.

05 Schöner Schein — 95

Sun City ist eine luxuriöse Spielerstadt aus Kunststoff, Glas und Marmor. Jahr für Jahr kommen Zigtausende Touristen und Spieler in diese unwirkliche Oase mit künstlichen Wellen, Wassergärten, Luxushotels, Kinos und Diskos.

06 Die Schönheit der Wüste — 107

Die endlose, glühende Weite, weiße und rote Sandünen, karge Trockensavanne, fantastische Sonnenuntergänge und einen überwältigen Sternenhimmel – im 27 000 km² großen Kgalagadi Transfrontier Park kann man die Schönheit der riesigen Kalahari Wüste erleben.

NATUR

07 Tierparadies — 83

Viele Besucher kommen v.a. nach Südafrika, um den Kruger National Park zu erkunden. Der 19 485 km² große Park bietet einen außergewöhnlich reichen Tierbestand. Für viele bedrohte Arten ist das Schutzgebiet einer der letzten Zufluchtsräume.

08 Garten am Tafelberg — 41

Die Botanische Garten von Kirstenbosch gilt als einer der schönsten der Welt. Rund 20 000 in Südafrika heimische Pflanzenarten sind hier kultiviert, unter ihnen Proteen und Orchideen. Hauptblütezeit: Mitte August bis Mitte Oktober.

09 Whale Crier — 55

Hermanus gehört zu den besten Walbeobachtungsplätzen der Welt: Hier kann man die Riesensäuger zwischen Juni und November sogar von Land aus beobachten. Und damit niemand die Tiere „versäumt“, ruft sie der einzige „Whale Crier“ der Welt aus. Eine „Whale Hotline“ gibt es natürlich auch ...

10 Amphibische Welt — 69

Einzigartig vielfältig sind Vegetation und Vogelwelt im 2500 km² großen St. Lucia Wetland Park um den Lake St. Lucia. Südafrikas größter Binnensee ist durch einen bis zu 180 m hohen Dünengürtel vom Indischen Ozean getrennt.

11 Black Rhino Abenteuer — 107

Nördlich des Augrabies Falls National Park liegt der 75 000 ha große, grundsätzlich gesperrte Riemvasmaak Park. Dort lassen sich im Black Rhino Adventure die seltenen Spitzmaulnashörner beobachten.

GLANZLICHTER

Bunt, schrill und voller Attraktionen – mehr als zehn Millionen Besucher strömen jedes Jahr zur Victoria & Alfred Waterfront am Hafen von Kapstadt, dem größten und modernsten Einkaufs-, Freizeit- und Vergnügungszentrum des Landes.

AQUARIUM

TRADITIONEN

Viele der verschiedenen Stämme und Völker der „Rainbow Nation" konnten ihre Kultur weit gehend bewahren. So feiern die Venda, die in der Limpopo-Provinz im Norden des Landes leben, mit Festtagsschmuck und in bunt gestreifter Tracht auch heute noch ihre traditionellen Feste.

UNBERÜHRTE NATUR

Nur wenige Kilometer vom Badetrubel in dem beliebten Ferienort Plettenberg Bay an der Südküste entfernt finden sich im Robberg Nature Reserve einsame, von steilen Felsklippen eingefasste Sandstrände.

WELT DER FELSEN

Die wie Rundhütten geformten Felsen mit dem bezeichnenden Namen „Three Rondavels" überragen die über 30 Kilometer lange und bis zu 700 Meter tiefe Schlucht, die der Blyde River in die Nördlichen Drakensberge gegraben hat.

AUF SAFARI

Zu den aufregendsten Erlebnissen einer Südafrikareise gehören Pirschfahrten durch die Nationalparks und privaten Wildreservate des Landes. Der größte, älteste und bekannteste ist der Kruger National Park. Nur mit Glück bekommt man dabei einen der scheuen Geparde zu Gesicht.

MAKANA

Diva des Kontinents

Sie ist die Schönste, die Mutter aller Städte, und nicht nur ihre Einwohner, die Capetonians, schwärmen von ihr. Kapstadt sehen, sagt man, und für immer an ihre Grazie, ihr mediterranes Flair, ihre aquarellfarbene Leichtigkeit verloren sein. An die Art, wie sie sich in die Ausläufer des Tafelbergmassivs schmiegt, an das bunte Völkergemisch in den hügeligen Straßen. Und wenn die klare Luft auf der Haut prickelt, dann ist „Champagnerwetter", auch typisch für Kapstadt.

Afrikas größtes Shopping- und Vergnügungsviertel: Victoria & Alfred Waterfront

01

02

Wie ein Hineingleiten in schöne Aussichten, so hatte man sich die Ankunft in Kapstadt vorgestellt. Das Massiv des Tafelbergs soll die Kulisse bilden für die weiße Stadt zu seinen Füßen – er tut es und versteckt sich nicht, wie so oft, hinter Wolken und Nebel, dem „Tafeltuch". Elegant geschwungen ist die Bucht, im alten Hafen blitzen Glas und Chrom der Victoria & Alfred Waterfront mit den Schaufenstern in der Long Street um die Wette. Reggaemusik dröhnt aus einem Friseurladen, in einem Coffeeshop treffen sich die Organisatoren des nächstjährigen Gay-Festivals.

Cape Town nimmt gut gelaunt sein Tagwerk in Angriff. Die Stadt scheint auf einer Welle von Fröhlichkeit zu surfen.

Im Schaufenster von „Africa" dekoriert eine Frau Lampen aus geschnitzten Straußeneiern vor Stoffen aus Westafrika, von der Terrasse des deutschen Cafés strömt der Duft von Filterkaffee, eine weißhaarige Dame stellt Nippesfigürchen, bunte Plastikkämme, Häkeldeckchen und eine Schmuckschatulle auf einen Tisch des kleinen Flohmarktes um die Ecke. Cape Town nimmt sein Tagwerk in Angriff, gut gelaunt und schwungvoll. Die Stadt scheint auf einer Welle von Fröhlichkeit zu surfen.

Die andere Seite der Schönheit

Ein Bus nach dem anderen bringt Arbeiter und Angestellte aus den Townships nach Kapstadt – am Abend werden sie wieder hinausgefahren. Dorthin, wo sie ihr Leben mit dem wenigen Lohn, den sie verdienen, fristen können. Dort, wohin die Rassentrennung sie verdammte. Weg von den Parks und Gärten, den breiten Straßen und schicken Autos. Weg von den schönen Häusern der Weißen, mit den trutzig geschwungenen Giebeln im kapholländischen Stil und den backsteinernen Villen

01 *Ausblick vom Tafelberg*
02 *Hochhaus-Dschungel im Zentrum von Kapstadt*
03 *V & A Waterfront vor der Tafelbergkulisse*
04 *Seilbahn auf den 1087 m hohen Tafelberg*

01

02

SPECIAL Der Tafelberg

„De Berg“

Von seinem Gipfel bietet sich eine gigantische Kulisse: Der 1087 m hohe Tafelberg ist das beliebteste Ausflugsziel der Besucher und der Capetonians zugleich.

Das Wahrzeichen Kapstadts

Es ist noch gar nicht lange her, dass ein Hotelkonzern eine Nobelherberge in den Felsen des Tafelbergs errichten wollte. Doch kaum war dieser Plan ruchbar geworden, tauchten über Nacht in ganz Kapstadt meterhohe Plakate mit dem Bild einer wunderschönen nackten, aber brustamputierten Frau auf. Der Titel war eine Frage: „Wollen wir das unserem Berg antun?“
„De Berg“ ist Wahrzeichen Kapstadts. Über 300 Möglichkeiten soll es geben, den Gipfel zu erklimmen, Je nach Ausgangspunkt muss man zwei bis vier Stunden veranschlagen – einige Touren sind sehr steil und veritable alpine Unternehmen. Bequem ist der „Aufstieg“ mit der Seilbahn, die sich während der Fahrt nach oben einmal um sich selbst dreht. Freeclimber, Bergsteiger, Wanderer, Spaziergänger – alle kommen oben an. Es gilt nur die Warnungen des Wetterdienstes zu beachten. Denn „De Berg“ ist launisch und kann sich im Nu in sein „Tafeltuch“ hüllen.

in feinstem Art déco. Ihre Häuser sind jene Hütten, die man wahrnahm, als das Auto, vom Flughafen kommend, auf die N2 abbog und auf Nyanga zufuhr. Schier endlos schien das Elendsviertel, Wellblech an Karton an Wellblech. Voller Müll die staubigen Straßen, kein Strom am Abend, Wasser nur selten. Dieses Bild hatte man nicht erwartet, die Stadt lockte mit ihren schönen Aussichten und – sie enttäuscht nicht.

Exotische Traditionen

Nur gemächlich dringt das Sonnenlicht in die schmalen Gassen des Bo-Kaap-Viertels. Wäscheleinen sind von Fenster zu Fenster gespannt, ein paar Männerhemden und Babyhöschen flattern in der warmen Brise vom Ozean.
Stimmengewirr wird laut, eine Gruppe verschleierter Frauen eilt zum Markt, ihr Lachen verweht hinter der Kuppe eines kleinen Hügels. Nicht lange und aus den offenen Haustüren wird der Duft von Snoekkop Soup, Masala Fish und Giema Curry, von Coconut Pudding und Milk Tart dringen, und man wird daran erinnert werden, dass die weithin gerühmte südafrikanische Cuisine der malaischen Küche entstammt. Schließlich hatten die Frauen der Buren noch niederdeutsch gekocht. Mit fettem Fleisch, mehligen Soßen, Bergen von Kartoffeln und Gemüse, das zur Unkenntlichkeit verkocht war. Ihrem Herrschaftsgedanken entsprachen die am Ende des 17. Jahrhunderts aus Malaysia „importierten“ Sklaven ganz besonders, denn jene kamen in Begleitung ihrer Familien. Deren Frauen wurden sofort als Dienerinnen und Köchinnen in Beschlag genommen, so dass die Dame des Hauses sich auch aus der Hausarbeit zurückziehen konnte. Es ist nicht überliefert, wie lange es dauerte, bis eine treu calvinistische Burenfamilie in der Lage war, Curries, marinierte Fische, exotisch gewürzten Reis, Eier in Hackfleisch und Ähnliches zu essen, doch die sanfte Revolution hatte Erfolg. Natürlich verschwanden nicht alle europäischen Zutaten aus den Küchen – Bobotjies, Koeksisters oder Biltong gehören nach wie vor zum Bild der südafrikanischen Küche –, und die geschmacklichen Anleihen aus der französischen Kochkunst sind nicht zu leugnen, doch verhält es sich auch hier wie mit dem Gesamtbild der Regenbogen-Nation: Die Mixtur ergibt die Faszination, die unvergleichliche Exotik.

Kapstadt wird nie langweilig

Auch nach Tagen überrascht Cape Town noch immer. Nie scheint genügend Zeit zu sein, alle Museen zu sehen, geschweige denn, die Stände auf dem Green Market Square mit ihren herrlichen Stoffen und

01 *Faszinierend buntes Bo-Kaap-Viertel*
02 *City Hall in prächtiger Neorenaissance*
03 *Kapstadt jüngste Multi-Kulti-Generation*

04 *Auf ganzer Länge viktorianisch: die Long Street*

01

02

03

„Nicht die Gewehrkugeln und Generäle machen Geschichte, sondern die Massen.“

Nelson Mandela

dem exquisiten Kunsthandwerk zu durchwühlen und eine halbe Stunde den Musikern zu lauschen. Die verführerischen Läden in der Victoria & Alfred Waterfront nehmen einen ganzen Tag in Anspruch, und man muss wiederkommen: zur Bootsfahrt nach Robben Island, wo Nelson Mandela die meiste Zeit seiner 29-jährigen Gefängnisstrafe erdulden musste, und zu einer der Theatervorstellungen am Abend. Oder lieber doch zum Jazzkonzert auf der offenen Bühne? Und zum High Tea im „Mount Nelson“ ist man auch noch nicht gekommen, dabei ist dieser Termin ein Muss für jeden Kapstadt-Reisenden. Hat sich doch im „Rosa Elefanten“, wie das altehrwürdige, prächtige Hotel liebevoll genannt wird, britisches Kolonialflair in Reinkultur erhalten, und das nicht nur im feinen Porzellan, den Kuchen oder den Gurkensandwiches. Und gegenüber, in den Company's Gardens, wo der Stadtgründer Jan van Riebeeck Gemüse und Obst zur Versorgung der Schiffe auf ihrer Route nach Indien anbauen ließ, lassen sich Eichhörnchen von Touristen füttern.

01 *Strandhüttendorf im Süden von Kapstadt*
02 *Tafelbergblick vom Bloubergstrand aus*
03 *Pinguin-Kolonie am Boulders Beach*

MOUILLE POINT
GREEN POINT
Green Point Lighthouse (1824)
Green Point Common
Green Point Stadium
Metropolitan Golf Course
Cape Technikon Granger Bay Campus
Mouille Point
Granger Bay
Victoria Basin
Victoria & Alfred Waterfront
Alfred Basin
Victoria Mall
Two Oceans Aquarium
Yacht Marina
Duncan Dock
Helicopter Terminal
16
FORESHORE
1 Ashstead Road
2 Exhibition Terrace
1 Glengariff Road
3 Schiebe Street
Signal Hill 350m
Lion's Rump
Noon Gun
17
BO-KAAP
Tana Baru Cemetery
SCHOTSCHE KLOOF
CENTRAL
Cape Town Railway Station
Cape Town Int. Convention Centre
Castle of Good Hope
Old Malay Cemetery
12
13
14
08
11
15
02
09
01
03
05
04
06
10
07
TAMBOERS-KLOOF
GARDENS
ORANJEZICHT
VREDEHOEK
DEVIL'S PEAK ESTATE
ZONNEBLOEM (DISTRICT SIX)
1 Kruis Street
2 Klein Street
3 Caxton Street
4 Springfield Terrace
Western Boulevard
Main Road
High Level Road
Buitengracht
Strand Street
Adderley Street
Long Street
Loop Street
Darling Street
Sir Lowry Road
De Waal Drive
Mill Street
Jutland Ave
Kloof Nek
Orange Street
Eastern Boulevard
Oswald Pirow Street
Heerengracht
M61
M6
M60
M59
M4
M66
M3
M62
N2
Durban, Luanda Islas Canarias
Maßstab 1:16.000
0
250 m

Stadt im Bann des Tafelbergs

Die grandiose Kulisse des Tafelbergs, ihre Lage zwischen Bergen und Meer, macht Kapstadt zu einer der schönsten Städte der Welt. Aber die Metropole am Südende Afrikas hat viel mehr zu bieten als das grandiose Panorama vom und auf den 1087 m hohen „Hausberg“: eine heitere, kosmopolitische Atmosphäre wie im Bo-Kaap-Viertel oder pulsierendes Leben bei Tag und Nacht an der Victoria & Alfred Waterfront. Eine der schönsten Straßen der Stadt ist die Long Street.

ALLGEMEINES

Das an der Südwestspitze des afrikanischen Kontinents gelegene Kapstadt (engl.: Cape Town, afrikaans: Kaapstad; 3 Mio. Einw. Großraum Kapstadt), umrahmt von der Table Bay und den Stränden entlang des Atlantischen Ozeans, zählt für viele zu den schönsten Städten der Welt. Das Stadtzentrum ist Mittelpunkt eines landschaftlichen Amphitheaters mit Lion's Head, Table Mountain und Devil's Peak im Süden und dem Signal Hill im Westen.

GESCHICHTE

1652 landete der Kaufmann Jan van Riebeeck in der Table Bay und gründete hier im Auftrag der Holländisch-Ostindischen Handelskompagnie einen Versorgungsstützpunkt für Schiffe auf dem Weg nach Indien. Aus der Versorgungsstation entwickelte sich eine Handels-, Handwerker- und Verwaltungsstadt, die von 1806 bis 1910 Hauptstadt der britischen Kapkolonie war. Heute ist die nach Johannesburg zweitgrößte Stadt des Landes, zugleich die älteste europäische Siedlung im südlichen Afrika, in der ersten Jahreshälfte Regierungssitz, in der zweiten residiert das Parlament in Pretoria.

ZENTRUM

Stadtrundgang: Die historische Innenstadt lässt sich bequem zu Fuß erkunden. Der Stadtrundgang beginnt beim **01 Company's Garden** rechts und links der Government Avenue – in diesem Teil Fußgängerzone. Der Park, den Jan van Riebeeck einst als Gemüsegarten anlegen ließ, wird von einer der beeindruckendsten Häuserzeilen der Stadt begrenzt: den **02 Houses of Parliament**, dem Regierungssitz, und **03 De Tuynhuis**, dem Wohnsitz des Staatspräsidenten. Von Juli bis Dezember kann man den Parlamentssitzungen zuhören oder an einer Führung durch das Parlamentsgebäude teilnehmen (Mo. – Fr. 9.00 – 12.00; vorherige Buchung notwendig: Tel. 021/4032266). Im Süden des Parks, mit Restaurant und bequemen Bänken im Schatten alter Bäume, liegen die **04 South African National Gallery**, das **05 South African Museum**, das **06 Bertram House** sowie das **07 Jewish Museum** (siehe Museen). Geht man in Richtung Adderley Street liegt linker Hand das trutzige Gemäuer der **08 St. George's Cathedral**, Sitz des anglikanischen Erzbischofs in Südafrika. Ein Schlenker nach rechts verpflichtet zum Besuch des **09 Kulturhistorischen Museums**. Von hier ist es nur ein kurzer Weg über die Albertus Street zum **10 District Six Museum** in der Buitenkant Street. Der Weg zurück über die Caledon Street führt entlang alter niederländischer und britischer Handelshäuser. In der Darling Street ist rechter Hand die prächtige Fassade der **11 City Hall** zu sehen. Das Rathaus stammt aus dem Jahr 1905 und stellt eine feine Mischung aus italienischem Renaissance- und englischem Kolonialbaustil dar. Von seinem Balkon rief Erzbischof Desmond Tutu unter dem Jubel der meisten Capetonians die „Regenbogen-Nation“ aus. Hinter dem Gebäude liegt die Grande Parade, ein zauberhafter Platz, auf dem mittwochs und samstags Flohmärkte stattfinden. Bevor man sich dem Castle of Good Hope an seiner Ostseite zuwendet, darf ein Abstecher auf den **12 Green Market Square** nicht fehlen, vorbei am Muller & Sons House und dem Old Mutual Building, die beide durch ihre hinreißenden Art-déco-Fassaden bestechen. Auch in der Umgebung dominiert dieser Baustil: das Geneva House am Church Square, die umliegenden Kaufhäuser Cuthberts, Ackermans und OK Bazaar, und um den Green Market Square scharen sich weitere Beispiele des Art déco: das Holiday Inn Garden Court Hotel, ehemals das Shell Oil Company House, das Protea Insurance Building, das Market House und das Namaqua House an der Burg Street. Auf dem Green Market Square kann man sich getrost in einem der Straßencafés eine Pause gönnen (Vorsicht aber vor Taschendieben). Über die St. George's Mall – hier haben die feinsten Juweliere des Landes ihre Geschäfte – geht es weiter Richtung Strand Street. Rechts liegt der **Flower Market**, links das **13 Koopmans-De Wet House** (1701) und an der Castle Street das Gebäude der Cape Town Tourism Information. Ein Besuch lohnt sich hier immer, da die Auswahl an

Tipp

Kapstadt jazzt

Man nennt Cape Town auch „Jazz Town“, in vielen Kneipen wird hier live experimentiert. Während zahlreicher Festivals stehen die Großen des Genres on stage. Das im Februar stattfindende fünftägige Cape Town Annual International Jazz Festival ist einer der vielen Treffpunkte für Jazzliebhaber. Im „West End“ (Tel. 021/6379132) im Cine 400 Building in der College Road im Stadtteil Rylands spielen von Donnerstag bis Samstag ab 16.00 Uhr Berühmtheiten des Cape Jazz und solche, die es werden wollen. Und im „Green Dolphin“ in der V & A Waterfront Arcade gibt's samstags schon ab 12.00 Uhr Livemusik (Tel. 021/4217471).

Im 1887 errichteten Uhrturm an der V & A Waterfront werden Weinproben angeboten

Informativem und Wissenswertem riesengroß ist. Nun führt der Spaziergang über den einstigen Kapstädter Exerzierplatz, die Grand Parade, geradewegs auf das älteste Gebäude Südafrikas zu: das **14** **Castle of Good Hope** (tgl. 9.00 – 16.00; Führungen Mo. – Sa. 11.00, 12.00, 14.00 Uhr). Im Jahr 1666 wurde mit dem Bau der Festung begonnen, 13 Jahre später war das Hauptquartier der Holländisch-Ostindischen Handelskompanie fertig gestellt. Bevor 1695 der Umbau für eine Erweiterung begann, war die „Burg der Guten Hoffnung" Sitz des Gouverneurs, dann Militärstützpunkt.

LONG STREET

Zwar gehört die **15** **Long Street**, die sich von der Coen Steytler Avenue am Hafen bis zur Orange Street an der Auffahrt zum Tafelberg erstreckt, zum Bezirk der historischen Innenstadt, doch gebührt ihr eine gesonderte Erwähnung. Denn das, was ehedem der District Six verkörpert haben mag, den Charme des Kosmopolitischen und eine Leichtigkeit der Atmosphäre, ist heute hier zu finden – in den Coffeeshops, den Szenekneipen, den Antiquariaten, den winzigen, bis zur Decke vollgestopften Antiquitätenläden, den Geschäften mit edelsten Souvenirs oder Tand oder Kitsch oder Bizarr-Komischem, den Pop-Friseuren, Musikläden und Fitnessclubs, den Galerien und Secondhandläden.

VICTORIA & ALFRED WATERFRONT

Folgt man dem Verlauf der Adderley Street in Richtung Nordosten, kommt man zur Heerengracht, einer der alten Prachtstraßen Kapstadts. Rechts liegt der Intercity Bus-Terminal, von hier aus starten die Überlandbusse ins ganze Land und in die Nachbarländer. Minibus-Terminal und Bahnhof befinden sich ganz in der Nähe. Dieser Stadtbezirk ist potenziell unsicher, darum empfiehlt es sich, am Ende der Adderley Street in ein Taxi zu steigen und sich zur **16** **V & A Waterfront** bringen zu lassen. Vorbei an den Statuen Jan van Riebeecks und seiner Frau und am Denkmal für Bartolomeu Diaz, führt die Coen Steytler Avenue direkt zum größten Shopping- und Vergnügungszentrum Afrikas. Bis 1990 war das Gebiet um die ältesten Hafenbecken am Duncan Dock Zentrum kleinerer Werften und des Fischhandels. Dann aber rückte das Potenzial der alten Gebäude in der spektakulären Lage vor der Kulisse des Tafelbergs in das Augenmerk der Stadtplaner. Der Umbau in ein Zentrum mit Theatern, Restaurants, (Kunst-)Märkten, Kinos, Geschäften, Kneipen, Bars und Freiluftbühnen dauerte nur zwei Jahre; heute kommen jährlich über 10 Mio. Besucher hierher.

AUSFLÜGE Von der V & A Waterfront starten **Stadtrundfahrten** sowie Boote zu **Sunset Cruises** oder **Hafenrundfahrten**, zu **Walbeobachtungen** oder zum Candle-Light-Dinner an Bord. Die Penny Ferry fährt ihre Gäste zu der **Seehundkolonie** in der Tafelbucht am **Fish Quay**. Ein Ausflugs-Highlight ist eine Bootsfahrt zur Gefängnisinsel **Robben Island**, auf der u.a. Nelson Mandela inhaftiert war. Wer die 10 km vor der Küste in der Tafelbucht gelegene Insel besuchen möchte, sollte frühzeitig buchen (www.robben-island.org.za, Tel. 021/4134200).

INFORMATION

Waterfront Visitors Center
Union Castle Building
Tel 021/4182369, www.waterfront.co.za
Sommer tgl. 9.00 – 21.00, Winter Mo. – Fr. 9.30 bis 17.00, Sa./So. 9.00 – 18.00 Uhr

BO-KAAP QUARTIER

Das **17** **Bo-Kaap-Viertel** **TOPZIEL**, das traditionelle Wohnviertel der ehemaligen Sklaven aus Malaysia und Java, liegt zwischen den Hügeln am Fuß des Signal Hill und der Buitengracht Street. Viele der schmalen, meist zweistöckigen und in den buntesten Pastellfarben gestrichenen Häuser stammen vom Anfang des 19. Jhs., als die Sklaverei abgeschafft wurde, die Malaien aber dennoch in ihrer neuen Heimat bleiben wollten. Die Gemeinde der Kap-Malaien besteht aus strenggläubigen Muslimen, daher ist bei einem Besuch in den hügeligen, kopfsteingepflasterten Gassen das Tragen von dezenter Kleidung angebracht. Es empfiehlt sich, das Bo-Kap-Viertel im Rahmen einer von Malaien geführten Tour zu besichtigen.

INFORMATION

Tana Baru Tours, Shereen Misbach-Habib
Tel. 021/4240719, Fax 4240529

MUSEEN

KUNST In der **South African National Gallery**, im Süden des Parks Company's Gardens, werden hauptsächlich Werke südafrikanischer Künstler ausgestellt (Queen Victoria Street; geöffnet: Di. – So. 10.00 – 17.00 Uhr).

GESCHICHTE Im **Bertram House** ist eine Sammlung alter Möbel, Porzellan und Silberarbeiten zu sehen (Hiddingh Campus, Orange Street,

Im Two Oceans Aquarium

nahe Governement Av.; geöffnet Di. – Do. 10.00 – 16.30). Die Exponate des **Bo-Kaap Museums** dokumentieren die Geschichte der Muslime am Kap im 19. Jh. (71 Wale Street; geöffnet: Mo. bis Sa. 9.00 – 16.00 Uhr). Im **District Six Museum** (Buitenkant Street; geöffnet: Mo. – Sa. 10.00 bis 16.00 Uhr), untergebracht in einer ehemaligen Methodistenkirche und geleitet von ehemaligen Stadtteilbewohnern, bestehen die Erinnerungen an den District Six, eines der buntesten und lebendigsten Viertel der Stadt, weiter. 1966 wurde der Stadtteil, der von Farbigen, Künstlern und Bohemiens bewohnt wurde, in einer Nacht- und Nebelaktion von der Apartheidsregierung bis auf den Grund zerstört. Dabei wurden 60000 Menschen zwangsumgesiedelt oder vertrieben. Das **Jewish Museum**, untergebracht in Südafrikas ältester Synagoge aus dem Jahr 1862, zeigt jüdische Kunst und informiert über die Geschichte der Juden in Südafrika (84 Hatfield Street; geöffnet: So. – Do. 10.00 – 17.00, Fr. 10.00 – 14.00). Im **Koopmans-De Wet House** (1701), dessen ursprüngliche Einrichtung erhalten blieb, ist zu sehen, wie im 18. Jh. ein erfolgreicher Geschäftsmann in Südafrika gelebt hat (35 Strand Street; geöffnet: Di. – Do. 9.00 – 16.00 Uhr). Das **Kulturhistorische Museum** in der Adderley Street birgt u.a. Briefmarken-, Münz- und Waffensammungen (geöffnet: Mo. – Sa. 9.30 – 16.30 Uhr).

NATURWISSENSCHAFTEN Vorwiegend naturhistorisch und naturwissenschaftlich ausgerichtet ist das **South African Museum** (25 Queen Victoria Street; geöffnet: tgl. 10.00 – 17.00 Uhr); angeschlossen ist ein **Planetarium** (Vorstellungen: Mo. – Fr. 14.00, Di. 20.00, Sa./So. 12.00, 13.00, 14.30).

SEEFAHRT Im **South African Maritime Museum** (Dock Road; geöffnet: tgl. 10.00 bis

17.00 Uhr) im Victoria & Albert Waterfront-Viertel kann man u.a. die weltweit größte Sammlung an Modellschiffen bestaunen.

AQUARIUM Einen Besuch des Two Oceans Aquarium (geöffnet: tgl. 9.30 – 18.00, im Dez. und Jan. bis 19.00 Uhr), beim Seefahrts-Museum, mit seinen über 300 Fischarten aus dem Indischen und Atlantischen Ozean darf man sich nicht entgehen lassen.

TOWNSHIP-TOUREN

Ein Ausflug in eines der Townships gehört sicher nicht zu den offensichtlichen Highlights eines Kapstadt-Besuches, doch bietet sich hier die Chance, sich vor Ort über Situation und Zukunftsaussichten der Townshipbewohner zu informieren. Vor wenigen Jahren noch musste aus Sicherheitsgründen jedem Weißen vom Betreten der Townships abgeraten werden, heute verspürt man die Mauer der Ablehnung nicht mehr so massiv. Dies ist der Tatsache zu verdanken, dass sich mit Unterstützung diverser Regierungsprojekte winzige Firmen etablieren konnten, so dass einige der Bewohner über ein festes Einkommen verfügen. Außerdem werden viele Township-Touren von ihren Bewohnern durchgeführt. Ihnen sollte man sich unbedingt anschließen.

INFORMATION
Sehr gute Infos zu den Kapstädter Townships in deutscher Sprache: www.capepoint.de

AKTIVITÄTEN

Tafelbergbesteigungen TOPZIEL (Veranstalter von geführten Bergwanderungen nennt Cape Town Tourism); **Fahrten** auf den Berg mit der **Drahtseilbahn** (Dez. – Jan. 8.00 – 21.00, Feb. 8.30 – 19.30, März – Apr. 8.30 – 18.00, Mai bis Sept. 8.30 – 17.00, Okt. 8.00 – 18.00, Nov. 8.00 bis 19.00); **Tauchen** (Dive Action, Tel. 021/5110800, www.diveaction.co.za); **Hochseefischen** (Big Game Fishing Safaris, Tel. 021/6742203); **Reiten** (Sleepy Hollow Horse Riding, Tel. 021/789 2341), **Hubschrauberflüge** (Civair Helicopters, Cape Town International Airport, Tel. 021/4331527), **Wale und Haie beobachten** (Aug. – Nov., Big Two Tours, Tel. 021/6896880).

VERANSTALTUNGEN

Flohmärkte: Green Market Square (Mo. – Sa.), Green Point (So.), V & A Waterfront (Sa. u. So.), Grand Parade (Mi. u. Sa.); der bunte, schrille **Cape Minstrel Carnival oder Coon Carnival** findet am 2. und 3. Januar statt; am letzten So. im Januar wird das **J&B Met**, das Pferderennen des Jahres, ausgetragen. Am ersten So. im März versuchen Tausende von Radlern die 107 km lange Strecke der **Argus Pick 'n Pay Cycle Tour** hinter sich zu bringen. Der **Two Oceans Marathon** wird in der Osterwoche gelaufen; neue Mode-Trends zeigt in der letzten August-Woche die Messe **Good Hope FM Designer Collection**; im Dezember findet die **International Rothmans Week** statt, die größte Segelregatta Südafrikas.

Teatime auf der Terrasse des „Mount Nelson“

UMGEBUNG

Den berühmtesten und am häufigsten fotografierten Blick auf den Tafelberg genießt man von **Bloubergstrand** aus, 25 km nördlich von Kapstadt an der Westküste. Die etwa 30 km weite Fahrt zum **Kap der Guten Hoffnung** TOPZIEL an der Südspitze der Kaphalbinsel, eingefasst von einem Naturreservat, gehört unbedingt zu einem Kapstadt-Besuch dazu.

INFORMATION

Cape Town Tourism
The Pinnacle Building, Burg Street/Castle Street
Tel. 021/487 6800, Fax 021/487 6859
E-Mail: capetown@tourismcapetown.co.za
www.tourismcapetown.co.za, www.cape-town.org
Geöffnet: Okt. – März Mo. – Fr. 8.00 – 18.00, Sa. 8.30 – 14.00, So. 9.00 – 13.00; Apr. – Sept. Mo. – Fr. 8.00 – 17.30, Sa. 8.30 – 13.00, So. 9.00 – 13.00.

Nicht versäumen!

KULTUR

Apartheid erinnern
Die unbegreiflichen Regeln der Apartheid werden nirgends so deutlich vor Augen geführt wie im District Six Museum. Dort ist auch die interessante Historie dieses Stadtviertels „ausgestellt“.

Siehe Nr. 10

ERLEBEN

Hotspot am Wasser
Bis Ende der 1980er-Jahre war die Victoria & Alfred Waterfront ein trostloser Fischerhafen. Nun sind hier Tag und Nacht Menschen unterwegs, angelockt durch Läden, Bars, Restaurants, Musikkneipen, Kinos, Museen und Theater.

Siehe Nr. 16

ERLEBEN

Kapstadts weltoffenes Herz
Bo Kap ist eines der interessantesten Viertel der Stadt: Zwischen den Moscheen und Häusern, auf den Plätzen und in den Innenhöfen, aus den offenen Fenstern und von den Terrassen und Balkonen pulsiert das lärmige, fröhliche, weltoffene Herz Kapstadts.

TOPZIEL Siehe Nr. 17

AKTIV

Wenn „de Berg“ ruft
Vom 1087 m hohen Tafelberg bietet sich eine phantastische Sicht auf Kapstadt und die Kap-Halbinsel – allerdings nur, wenn der Berg wolkenfrei ist. Über 300 Wanderwege und Kletterpfade führen hinauf.

TOPZIEL Siehe AKTIVITÄTEN

NATUR

„Kap der Stürme“
Jedes Jahr zieht eine grandiose Landschaft Hunderttausende in den 8000 ha großen Cap Peninsula National Park am Kap der Guten Hoffnung. Und fast immer heult ein starker Wind am südwestlichen Ende Afrikas.

TOPZIEL Siehe UMGEBUNG

Im Wein liegt Schönheit

Weinbau in Südafrika hat eine lange Tradition. Bereits Napoleon konnte nicht auf den Muskateller vom Kap verzichten, und der Dichter Friedrich Gottlieb Klopstock pries den edlen Tropfen vom Kap sogar in einer Ode. Womit ihm heutige Weinliebhaber Recht geben und zugleich auch ein hohes Lied auf die „Kap Cuisine“ anstimmen – schließlich hat die Allianz afrikanischer, kapmalaiischer, europäischer und indischer Küche wahre Gaumenwunder vollbracht.

Kapholländisches Herrenhaus eines Weingutes bei Stellenbosch

01

02

03

04

„... von solcher Wärme und voller Sonne."

Friedrich Gottlieb Klopstock

Die Geschichte des südafrikanischen Weins ist untrennbar verknüpft mit der Geschichte Südafrikas. So war es die Idee Jan van Riebeecks gewesen, in den Company's Gardens von Kapstadt Wein anzubauen. Nur dass der Gouverneur des Kaps vom Weinbau so gut wie nichts verstand, denn schon die Lage seines „Weinbergs" war, beeinträchtigt durch die oft bitterkalten Winde vom Kap, nicht umsichtig gewählt. Zwar kelterte van Riebeeck etwas, das er Wein nannte, von anderen Verkostern aber vernichtend beurteilt wurde: „Teufelssaft, ungenießbar!" Van Riebeecks Nachfolger, Simon van der Stel, der mehr vom Weinbau verstand, beschloss, die Reben aus den Company's Gardens auf seinem südlich von Kapstadt gelegenen Gut Groot Constantia anzupflanzen, wo sie prächtig gediehen. 1679 siedelte er sich dann, zusammen mit rheinländischen und französischen Weinbauern, in einem fruchtbaren Tal nahe der Kaphalbinsel an. Im Laufe der Jahre entwickelte sich Stellenbosch, benannt nach seinem Gründer van der Stel, zum Zentrum der Weinbauregion am Kap.

Einer der ersten Weine der Region, ein Muscadet aus dem Gut Constantia, war, lauscht man der Ode des Dichters Klopstock, „von solcher Wärme und voller Sonne", dass er selbst französischen Weinen den Rang ablief. Denn wer will bezweifeln, dass Napoleon, ein ausgezeichneter Kenner sinnlicher Freuden, auch bei der Auswahl der Weine in seinem Exil nicht auf dem Besten beharrte. Die Lieferscheine, noch immer im Besitz des kleinen Museums auf Groot Constantia, weisen auf einen regen Weinhandel zwischen Südafrika und Elba hin. Der Constantia Muscadet erhielt nun Entrée in alle europäischen Salons. Der Siegeszug südafrikanischer Weine wäre schon damals unaufhaltsam gewesen, hätte nicht die kleine Reblaus den Bestand sämtlicher Weinberge radikal vernichtet.

Erneuter Anfang aus dem Nichts

Es muss eine Bild des Jammers gewesen sein: die kahl gefressenen Weinstöcke, die leeren Fässer, die Ratlosigkeit der Weinbauern. Da hatte man sich niedergelassen und bereits ein stattliches Vermögen verdient, und nun fiel die Weinlese auf unabsehbare Zeit aus. Wie gut das Geschäft mit dem Wein gewesen war, zeigt das Stadtbild des ehemaligen „Stelenbusch". Stellenbosch ist das romantischste Städtchen Südafrikas: endlose Eichenalleen, gepflegte Parks und klassische viktorianische, georgianische, vornehmlich aber kapholländische Architektur auf Schritt und Tritt. Der gesamte alte Kern des Städt-

01 *Herrenhaus des Weingutes Buitenverwachting*
02 *Winzerstädtchen Stellenbosch*
03 *Kapholländisches Haus bei Stellenbosch*
04 *Im Botanischen Garten von Kirstenbosch*

01

02

03

SPECIAL Die Nomaden von Kagga Kamma

Besuch bei den Bushmen, dem ältesten Volk Afrikas

Von Worcester sind es auf der R 303 wenige Kilometer in die Swartruggens-Berge und zum Reservat Kagga Kamma. Hier leben einige San-Familien.

Filmstars im Sog der Modernisierung

Wem die Gesichter der kleinwüchsigen, gelbhäutigen Menschen bekannt vorkommen, der irrt sich nicht. Sie waren die Protagonisten in den Hollywood-Streifen „Die Götter müssen verrückt sein". Die San oder Bushmen – der Name entstammt dem holländischen „bosje man", was Herumtreiber oder Gauner bedeutet – sind das älteste Volk Afrikas. Während im Sog der Modernisierung ihre Nomadenkultur allmählich verschwindet, haben sich die Bushmen in Kagga Kamma ein Domizil eingerichtet, in dem sie nach ihrer Kultur leben können. Dafür nehmen sie die Besuche von Touristen in Kauf, doch muss man sich anmelden, um einen Termin in Kagga Kamma zu erhalten (Tel. 021/ 8638334). Denn wenn den Bushmen ein Besuch nicht gelegen kommt, sagen sie ihn ab.

Bushmen – kaum noch unterwegs mit Pfeil und Bogen

chens ist eine Ansiedlung dieser weiß getünchten Häuser mit ihren geschwungenen Frontgiebeln.

Trip in die „Franzosenecke"

Das Desaster mit der Reblausplage hatten selbst die eigentlichen Weinexperten im Land nicht verhindern können. Schon 1688 waren französische Hugenotten in dem Tal nördlich von Stellenbosch sesshaft geworden. Franschhoek nannte man die Region fortan, „Franzosenecke". Die 150 Familien waren auf der Flucht vor den Schergen Ludwigs XIV. nach Südafrika gekommen und hatten gleich damit begonnen, die Hänge der Hex Mountains mit Reben zu bepflanzen. Die Reblausplage erreichte Franschhoek zuletzt und stellte für die Weinbauern dort keine solch vernichtende Konsequenz dar wie für ihre Kollegen weiter südlich. Zukünftig würde man eben französische Weinreben so lange veredeln, bis sie den manchmal harschen Begebenheiten der Region angepasst seien. Sie ließen sich Rebstöcke aus Frankreich kommen und bauten kräftige Chardonnays, Pinot Noir oder Merlots an.

Traditionen perfektioniert

Man kann den Begriff Weinrouten nicht nennen, ohne dabei sofort an die Paarl Wineroute zu denken, an diese grandiose

01 *Allee zum Weingut Boschendal*
02 *Ausflugsfahrt über den Breede River*
03 *Weingut L'Ormarins bei Franschoek*

01 *Bereits Ende Januar beginnt die Weinlese*

02 *Brandy-Kathedrale in Paarl*

Landschaft mit ihren weiten Tälern, eingerahmt von bizarren Felsformationen. Die auffälligste ist der Paarl, ein Berg in der Form einer Perle. Er gab dem Ort seinen Namen, und er ist Kulisse für einige der schönsten Weingüter Südafrikas. Deren noble, weiß getünchte Herrenhäuser liegen am Ende ebenmäßiger Platanen- und Eichenalleen, die Weinkellereien im Schatten uralter Parks. Man ist hier bis heute konservativ, Neuem zwar zugetan, aber verhalten. Dies mag das Erbe der Buren sein, die sich hier niederließen, um der britischen Vormundschaft am Kap zu entgehen.

In Paarl wurde die Bibel ins Afrikaans übersetzt, hier wurde dieser Kunstsprache, aus niederländischen Dialekten entstan-

Paarl – Kulisse für einige der schönsten Weingüter Südafrikas

den, sogar ein Denkmal gesetzt: das Taalmonument, mahnend wie ein gereckter Finger, oberhalb der Stadt: Vergesst unsere Wurzeln nicht! Die Wurzeln der Weinproduktion erstreckten sich schon bald, auch im sprichwörtlichen Sinn, in die Herstellung feinster Brandys. Paarl gilt heute weltweit als eines der Zentren für vollendete Brandy-Kultur, ein Besuch in den KVW Brandy and Winecellars gehört somit unbedingt zum Repertoire der Paarl-Weinroute. Man stelle sich Fässer so groß wie Häuser vor, übereinander gestapelt in einem Keller, der so hoch ist wie eine Kathedrale und bei deren Anblick man in andächtiges Schweigen verfällt ...

03 *Filmarbeiten am Afrikaans-Denkmal*

Western Cape
CAPE TOWN
KAAPSTAD
BELLVILLE
Robben Island
Table Mountain
1087
Table Mountain N. P.
Cape of Good Hope
Kaap die Goeie Hope
01
02
03
04
05
Vredenburg
Saldanha
Saldanha Bay
Langebaan
Churchhaven
West Coast N. P.
Yzerfontein
Dasseneiland
Berg-rivier
Groot Bergriv.
R 45
Hopefield
Koringberg
Moorreesburg
Piketberg
Porterville
1866
Beaverlac N.R.
Grootwinterhoek Wildern. Area
Gydopas
Hottentotskloof
Tulbagh
Hamlet
Die Venster
Rust
Darling
Riebeek-wes
Riebeek Kasteel
Gouda
Malmesbury
Mamre
Hermon
Bainskloof
Ceres
Wolseley
Hexrivierberge
2249
De Doorns
Hex River Pass
Fonteintjiesberg N.R.
Worcester
Touwsrivier
Bokkeriviere N.R.
Matroosberg
Witteberge
1474
Pieter Meintjies
Matjiesfontein
Hillandale
Avondrust
Anysberg N.R.
Touwsrivier
Melkbosstrand
Bloubergstrand
Durbanville
Parow
Kraaifontein
Kuilsriv.
Wellington
Windmeul
Paarl
Huguenot Toll Tunnel
Du Toitskloof
Rawsonville
Franschhoek
Huguenot Memorial
Stellenbosch
Somerset West
(402)
Hottent.-Holld. N.R.
Hout Bay
Strandfontein
Muizenberg
Kommetjie
Fish Hoek
Simon's Town
Strand
Gordon's Bay
Sir Lowry's Pass
Grabouw
Bot River
Theewaterskloof-dam
Caledon
Kogelberg N.R.
False Bay
Pringle Bay
Kleinmond
Hawston
Hermanus
Stanford
Walker Bay
Gansbaai
Pearly Beach
Villiersdorp
Genadendal
Greyton
Riviersonderend N.R.
Nuy
Moordkuil
Halmmanshof
Robertson
Ashton
Bonnievale
McGregor
Vrolijkheid N.R.
Langeberge
Rooihoogte Pass
Burgers Pass
Montagu
Kogmanskloof
Boerboonfontein
Warmwaterberg N.R.
Barrydale
Tradouw Pass
Marloth N.R.
Swellendam
Suurbraak
465
Bontebok N.P.
Breederiv.
Malgas
Stormsvlei
Lindeshof
Riviersonderend
Rietpoel
Protem
Oukraal
Fairfield
Salmons Dam N.R.
Napier
Elim
Viljoenshof
Bredasdorp
Karsrivier-vlei
De Hoop N.R.
Skipskop
Marcus baai
Waenhuiskrans
Struisbaai
Agulhas Nat. P.
Luanda
Islas Canarias
Durban
N 1
52
104
Maßstab 1:1.000.000

Südafrikas Wein-Metropolen

Rund um Kapstadt befinden sich im Constantia Valley, Stellenbosch, Franschhoek und Paarl die Zentren der südafrikanischen Weinwirtschaft. Wer Südafrikas Weine probieren will, ist hier genau richtig – zumal die Weingüter in einer bezaubernden Landschaft liegen. Viele Herrenhäuser und Städtchen haben sich ihren kolonialen Charme aus der Zeit der Holländisch-Ostindischen Handelskompanie bewahrt.

01 CONSTANTIA VALLEY

Constantia Valley, am Fuße des Constantiaberges, des südlichen Ausläufers des Tafelbergs, ist das älteste Weinanbaugebiet Südafrikas. Die einzelnen Weingüter, deren kapholländische Herrenhäuser meist von parkähnlichen Gärten umgeben sind, liegen verstreut inmitten einer bezaubernden Landschaft.

WEINGÜTER Die Weine des Constantia Valley sind schon seit Jahrhunderten berühmt. Die Weinguter erreicht man von Kapstadt aus über den Eastern Boulevard und die M3 in Richtung Süden. Nach einer Fahrt durch Wälder aus Kapzedern, Eichen und Platanen gelangt man zu den Weingütern Groot Constantia (Tel. 021/7945128), dem ältesten Weingut am Kap, Buitenverwachting (Tel. 021/7945190), Klein Constantia (Tel. 021/7945188), Steenberg (Tel. 021/7132211) und Constantia Uitsig (021/7941810). Im Gut Constantia Uitsig ist zudem ein exquisites Hotel, das Constantia Uitsig Country Hotel (Tel. 021/7946500), untergebracht, das aus 16 individuell eingerichteten „Gartensuiten" besteht. Die Weingüter Groot und Klein Constantia, Steenberg sowie das Gut Buitenverwachting laden (nach Voranmeldung) zu Weinproben ein. Auch sind allen Weingütern exzellente Restaurants und Cafés angeschlossen. Ausflüge dorthin werden von allen größeren Hotels in Kapstadt organisiert, oder man bucht über Captour (siehe auch S. 110).

SEHENSWERT Bevor man sich der Lust des Weinprobierens hingibt, sollte ein Blick in das **Manor House** von Groot Constantia nicht ausbleiben (geöffnet: tgl. 10.00 – 17.00 Uhr). Die Architektur dieses Herrenhauses ist klassisch kapholländisch. Die Residenz ist ausgestattet mit feinstem Mobiliar aus dem 17. und 18. Jh., die Sammlungen seltenen japanischen, chinesischen und Delfter Porzellans vervollständigen das Interieur. Angeschlossen ist ein **Weinmuseum**, das über die lange Tradition des südafrikanischen Weinanbaus informiert (geöffnet: tgl. 10.00 bis 17.00 Uhr). Die nahe gelegenen **National Botanic Gardens of Kirstenbosch** TOPZIEL (geöffnet: Sept. – März tgl. 8.00 – 19.00, April bis Aug. tgl. 8.00 – 18.00; Führungen Di. 11.00, Do. Fr., Sa. 10.00 Uhr) sind der älteste und größte (528 ha) botanische Garten des Landes. Zu verdanken hat man diesen blühenden Schatz Cecil Rhodes, der diesen Teil seines Privatparks (!) 1902 Kapstadt schenkte. Rund 20000 einheimische Pflanzenarten gedeihen hier, unter ihnen die prächtigsten Proteen und Orchideen. Zu jeder Jahreszeit ist der Park ein Blütenmeer und eine Welt aus Düften. In den Kräutergärten betören die Vielzahl der Aromen die Sinne, und auf einem Braille-Trail können blinde Besucher die Pflanzen durch Betasten kennen lernen.
Das Informationszentrum ist von 8.00 – 16.00 Uhr geöffnet; hier erhält man detaillierte Karten, und für Besucher, denen die Wege zu weit sind zum Gehen, steht ein „Club Car" bereit.

EINKÄUFE Auf dem **Groot Constantia Antiques and Collectable Market**, der an jedem Wochenende stattfindet, lässt sich noch so manches gute Stück entdecken.

INFORMATION
Constantia Valley
Tel. 082/3348010
www.constantiavalley.com

02 STELLENBOSCH

Stellenbosch (75000 Einw.), 50 km östlich von Kapstadt in einem reizvollen Weinanbaugebiet gelegen, gehört zu den schönsten südafrikanischen Städten und zu den am besten erhaltenen aus der Zeit der Dutch East India Company. Das Städtchen hat sich seinen historischen Kern um die Braak, den Hauptplatz des Ortes, und entlang der Dorp Street zum größten Teil bewahren können und besitzt eine außergewöhnliche Anzahl an kapholländischen Gebäuden.

SEHENSWERT Das **historische Stadtzentrum** TOPZIEL mit seinen zahlreichen Cafés oder Restaurants lässt sich bequem zu Fuß erkunden. Das **Stellenbosch Gymnasium**, **La Gratitude** und **Voorgelegen** in der Dorp Street sind exzellente Beispiele kapholländischer, viktorianischer und georgianischer Architektur. Über die Plein Street, vorbei an der Synagoge und dem Old Hoofgebou, gelangt man bald zum **Braak**, dem Marktplatz mit der **Rhenish Church**, dem **VOC Kruithus**, dem **Burgerhuis** von 1797 und der 1854 geweihten Kirche **St. Mary on the Braak** mit ihrem wunderschönen Glockenturm, der 1884 dem Gotteshaus angefügt wurde. Ein weiteres architektonisches Highlight erwartet den Besucher am Ende der Market Street, wo im **Rhenish Complex** das Pfarrhaus der Rheinischen Mission von 1815, das **Leipoldt House** und die anderen Häuser so fein restauriert wurden, dass sie als „Südafrikas bestrestaurierter Gebäudekomplex" gelten. Die **Moederkerk** gegenüber dem Dorp Museum, einem Museumskomplex aus mehreren historischen Gebäuden, hat schon einige Brände erleben müssen, nach dem letzten wurde sie 1863 im neogotischen Stil wiederaufgebaut und erscheint so geradezu modern. Wer das nötige Kleingeld hat, darf seine Residenz in der **D'Ouwe Werf Herberg** beziehen, der ältesten Herberge

Tipp

Hotel mit Anspruch

Fürstlich logieren kann man im Constantia Valley – ganz in der Nähe des Botanischen Gartens von Kirstenbosch – im Celler-Hohenort Hotel in 53 komfortablen Zimmern und Suiten.
Eine Besonderheit ist der Park mit altem Baumbestand und thematisch gestalteten Gärten. Etwa 20 Gärtner schufen hier ein blühendes Landschaftsidyll, pflanzten Alleen und legten Seen und Teiche an – mit Unterstützung und ausdrücklicher Förderung der Grande Dame des südafrikanischen Hotelgewerbes und Besitzerin des Cellars-Hohenort: Liz McGrath.

Cellars-Hohenort Hotel:
93 Brommersvlei Road
Constantia, 7800 Cape Town
Tel. 021/7942137, Fax 021/7942149
www.cellars-hohenort.com

„New tastings" der neuen Winzergeneration

Südafrikas (Tel. 021/8874608). Eine Brandy-Probe genießt man im **Van Ryn Brandy Cellar** (Tel. 021/8813875).

MUSEEN Das **Stellenryk Wine Museum** in der Dorpstraat informiert über die Kunst des Weinmachens. Gleich nebenan, in einem Haus von 1783, befindet sich die **Rembrandt van Rijn Art Gallery**, die eine Ausstellung zeitgenössischer Künstler zeigt. Heute sind auch Werke farbiger Künstler zu sehen. Im **Village Museum** in der Rhyneveld Street wandelt man in einem ganzen Komplex historischer Häuser – Schreuder House (1709), Berg House (1850), Bletterman House (1780) und Grosnevor House (1800) –, die akribisch restauriert wurden und mit dem Interieur von damals Einblick in den Lebensstil vergangener Tage geben. Auch die Gärten wurden im Stil der damaligen Zeit gestaltet. Das **VOC Kruithus** am Marktplatz, ein 1777 errichtetes ehemaliges Munitionslager, beherbergt heute ein Militärmuseum. Über die Geschichte der Brandweinherstellung am Kap macht man sich im **Oude Meester Brandy Museum** in der Old Strand Road kundig.
Alle Museen und Galerien von Stellenbosch sind Mo. – Fr. 9.00 – 12.45 und 14.00 – 17.00, Sa. und an Feiertagen 10.00 – 13.00 und 14.00 – 17.00, So. 14.30 – 17.30 Uhr geöffnet.

EINKÄUFE „Oom Samie se Winkel" (Dorp Street bietet Antiquitäten, Nippes und Kitsch.

AKTIVITÄTEN Reiten bei **Amoi Horse Trails** (Tel. 081/6814285). **Wandern** durch die Weinberge oder entlang des Eerste Rivier (Auskunft: Tel. 021/8865858 oder bei Captour). **Golfern** bieten sich u.a. der Stellenbosch Golf Club (Tel. 021/8800103) und der Devon Valley Country Club (Tel. 021/8822080) an. **Fallschirmspringen** (Cape Parachute Club, Tel. 082/8006290), **Heißluftballonfahrten** (Wineland Balloning, Tel. 021/8633192) und **Mountainbiketouren** (Tel. 082/6583883) durch das Jonkershoek Nature Reserve sind weitere Alternativen.

VERANSTALTUNGEN Im Oktober lädt das Stellenbosch Van der Stel Festival zum historischen Jahrmarkt; im Oude Libertas Amphitheatre (Tel. 021/8097473) werden von Januar bis März Ballettaufführungen und Konzerte mit klassischer und zeitgenössischer Musik veranstaltet.

INFORMATION
Stellenbosch Tourism and Information Bureau
36 Market Street
Tel. 021/8833584, Fax 021/8838017
www.stellenbosch.org.za
Hier kann man sich auch über die einzelnen Weingüter der Region informieren und zur Weinprobe anmelden lassen.

03 FRANSCHHOEK

Etwa 25 km östlich von Stellenbosch liegt der kleine, von Weinbergen umgebene Ort Franschhoek (4000 Einw.), der bereits 1688 von Hugenotten gegründet wurde. Franschhoek ist Ausgangspunkt einer Weinroute.

WEINGÜTER 20 Wine Estates gehören zur **Franschhoek Wineroute**, das älteste und meistbesuchte ist **Boschendal** (Weinprobe nach Voranmeldung, Tel. 021/8704200). **La Motte Estate** ist eines der bekanntesten Weingüter Südafrikas. Hier wachsen unter den perfekten Klimabedingungen der Wemmerhoek-Berge seit 1752 edelste Weine (Tel. 021/8763119). Auf der **Chamonix Wine Farm** (Tel. 021/8762494) werden edle Tropfen und Spirituosen hergestellt.

SEHENSWERT Am südlichen Ortsausgang steht das **Huguenot Monument**, das 1938 zum Gedenken an die 250-jährige Besiedelung dieser Region durch die Hugenotten von dem Bildhauer Coert Steynberg gestaltet wurde. Daneben befindet sich das **Huguenot Memorial Museum** (geöffnet. Mo. – Sa. 9.00 – 17.00, So. 14.00 bis 17.00 Uhr), in dem man viel über die Geschichte der hier angesiedelten Hugenotten erfährt.

INFORMATION
Franschhoek Wine Valley Tourist Association
29a Huguenot Road
Tel. 021/8763603, Fax 021/8762768
www.franschhoek.org.za

04 PAARL

Paarl (88000 Einw.), ca. 60 km nordöstlich von Kapstadt, ist eines der bedeutendsten Zentren der südafrikanischen Weinwirtschaft. Das hübsche Städtchen liegt in einem breiten, fruchtbaren Tal an den Ufern des Berg River, überragt vom 729 m hohen Paarl Mountain. Paarl („Perle") wurde nach diesem gewaltigen Granitfelsen benannt, der bei einem bestimmten Sonnenstand wie eine Perle glänzt.

WEINGÜTER Die Weinauswahl auf dem Weingut **Nederburg** (Tel. 021/8623104) ist so groß wie auf dem westlich von Paarl gelegenen **Fairview Estate** das Angebot an Käse. Zwar kann man auch hier Wein verkosten, doch landet man schnell bei den „dairy products". Führungen durch die Weinkeller der **KVW (Kooperatiewe Wynbouers Vereeniging)** in der Kohler Street werden auch in Deutsch angeboten (Tel. 021/8073007).

SEHENSWERT Nach Paarl kommt man – wie nach Franschhoek – in erster Linie wegen des guten Weins und des köstlichen Essens, findet man doch in dem Winzerort mit dem „Bosman's" (im Grande Roche Hotel, siehe S. 117) das beste Restaurant des Landes. Dennoch lohnt ein Spaziergang über die 11 km(!) lange **Main Street**. Die Häuser entlang der von Platanen und Eichen gesäumten Straße sind Schätze kapholländischen, viktorianischen und georgianischen Baustils, mit Art déco verziert und meist von Weinlaub oder Efeu umrankt.

MUSEEN Das **Oude Pastorie Museum** (303 Main Street; geöffnet: Mo. – Fr. 9.00 – 17.00, Sa. 9.00 – 13.00) zeigt Sammlungen kapholländischer Antiquitäten und Gegenstände aus Silber, Glas, Porzellan, Messing und Kupfer, und im **Afrikaans**

Nobelrestaurant Bosman's in Paarl

Das Weingut Nederburg in Paarl ist deutschen Weinliebhabern ein Begriff

Language Museum in der Pastorie Street (geöffnet: Mo. – Fr. 9.00 – 17.00, Sa. 9.00 – 13.00) erfährt man alles über die Sprache Afrikaans.

AKTIVITÄTEN Mit dem Fahrrad (Verleih bei der Touristeninformation) oder zu Fuß in das Paarl Mountain Nature Reserve, wo Stachelschweine, Antilopen, Klippschliefer und Felsenadler zu sehen sind.

UMGEBUNG Westlich der Stadt, an den Hängen des Paarl-Bergs, steht das 57 m hohe **Afrikaans Taalmonument**, ein 1975 eingeweihtes Afrikaans-Denkmal. Die Besichtigung des Taalmonuments lässt sich mit einem Spaziergang im nahen **Paarl Mountain Nature Reserve** verbinden.

INFORMATION
Paarl Tourism Association
216 Main Street
Tel. 021/8634937, Fax 021/8634883
www.paarlonline.com
geöffnet: Mo. – Fr. 8.00 – 17.00, Sa. 9.00 – 14.00, So. 10.00 – 14.00 Uhr

05 ROBERTSON

Das 120 km östlich von Kapstadt gelegene Winzerstädtchen (27 000 Einw.) ist für seine guten Dessertweine und Brandys bekannt. Der Ort ist ein beliebtes Urlaubsziel und bietet sich als Ausgangspunkt für Wanderungen in die Langeberg-Kette an. In Robertson beginnt die älteste Weinstraße der Welt und zugleich die längste Südafrikas.

WEINGÜTER Die **Robertson-Weinroute** integriert 32 Weingüter und Genossenschaften der Regionen Robertson, McGregor, Bonnievale und Ashton, die herrliche Chardonnays und Muscadels produzieren. Ein Erlebnis ist es, im uralten Park des etwa 20 km südlich von Robertson gelegenen **McGregor-Weinguts** einen Lunch zu sich zu nehmen.

AKTIVITÄTEN **Baden in den heißen Quellen** von Montagu, **wandern** auf dem Bloupunt und dem Kloof Hiking Trail (Auskunft: Montagu Tourist Information, Bath Street, Tel. 023/6142471) und mit dem **Mountainbike** in die Klein Karoo. Oder man fährt von **Niel's Farm** (Tel. 023/6142471) aus mit dem Traktor in die Langeberg Mountains und genießt die traumhafte Aussicht auf die Klein Karoo und das Breede River Valley.

UMGEBUNG Nicht versäumen sollte man, in den seit 200 Jahren genutzten heißen Thermalquellen des 25 km östlich von Robertson gelegenen Ortes **Montagu** zu baden und anschließend das Montagu Museum in der Long Street zu besuchen, das die Geschichte der Region anschaulich vorstellt (geöffnet: Mo. – Fr. 9.00 – 17.00, Sa., So. u. Fei. 10.30 – 12.30 Uhr). Ein 2,5 km langer reizvoller Spazierweg (Lover's Walk) verbindet den Ort mit den Thermalquellen. Die Kunstgalerien in **Barrydale**, rund 25 km weiter östlich an der R62, sind einen Besuch wert.

INFORMATION
Robertson Tourism Bureau
Voortrekker Street
Tel. 023/6264437, Fax 023/6264290
www.robertsonr62.com

Nicht versäumen!

NATUR

Garten am Tafelberg
Der Botanische Garten von Kirstenbosch gilt als einer der schönsten der Welt. Tausende in Südafrika heimische Pflanzenarten sind hier kultiviert. Die Hauptblütezeit ist von Mitte August bis Mitte Oktober.

TOPZIEL Siehe Nr. 01

KULTUR

Schönste kapholländische Architektur
Seit 1926 ist das Herrenhaus (Manor House) des ältesten und bekanntesten Weinguts in Südafrika, Groot Constantia, ein prächtiges Museum mit wertvollen alten Möbeln, Porzellan und Gemälden.

Siehe Nr. 01

ERLEBEN

Koloniale Perle
Stellenbosch gehört zu den am besten erhaltenen Städten aus der Zeit der Holländisch-Ostindischen Kompanie. Besonders schön ist das Städtchen um den Platz Die Braak und die Dorp Street mit bedeutenden historischen Gebäuden.

TOPZIEL Siehe Nr. 02

ERLEBEN

Mekka der Weintrinker
Jedes Jahr im Fühjahr strömen rund 2000 Weinkenner zur Versteigerung südafrikanischer Spitzenweine in das Weingut Nederburg. Rotweine können hier bis zu 1400 Rand pro Flasche kosten.

Siehe Nr. 04

NATUR

Unterwegs am Breede River
Das Tal des Breede River lässt sich auf einem beliebten Wanderweg, dem 14 km langen Boesmanskloof Trail über die von Fynbos bedeckten Riviersonderendberge, erkunden – inklusive Bad in den Oak Falls.

Siehe Nr. 05

Eine Welt in einem Land

Die Garden Route, ein etwa 200 Kilometer langer Abschnitt der von Kapstadt nach Swasiland führenden N2, ist wohl Südafrikas berühmteste Reisestraße. Sie führt von Mossel Bay meist an der Küste entlang, vorbei an Obstplantagen, durch Seenlandschaften und weite Regionen mit Fynbos, über blühende Wiesen, Hochplateaus und Klippen, und mündet in der verzauberten Atmosphäre des Tsitsikamma Forest östlich von Plettenberg Bay.

Sonnenuntergang über der Lagune von Knysna

01

02

Der Geruch von tiefdunkler Erde vermischt sich mit dem Duft reifender Früchte. Die Landschaft wechselt zwischen Obstwiesen und blühenden Weiden; zwischen Hochplateaus und steil aufragenden Kliffs, zwischen kilometerlangen feinsandigen Stränden und Seenplatten. Sie zieht sich über grandiose Pässe ins Hinterland und gibt den Blick frei auf die so gar nicht karge Halbwüste der Karoo, in der zahllose Strauße zwischen den meterhohen Sukkulenten und Ginstern umherspazieren und leuchtend weiße Gehöfte im kapholländischen Stil im Schatten ausladender Platanen residieren.

Meeres-Kindergarten

Die Garden Route ist ein Eldorado für Naturliebhaber. Dies gilt besonders für die Zeit zwischen Mai und Oktober, wenn man vom Ufer aus Wale beobachten kann. Es sind Buckel- und Grauwale, die von der Arktis hierher kommen, um sich in den warmen Gewässern des Benguela-Stroms zu paaren und ihre Jungen zu gebären. Dann ähnelt der Ozean zwischen Hermanus und Plettenberg Bay einem Kindergarten für Wale. Und ihre Rufe, dieser magische „Meeresgesang“, dringen bis in die

Besonders zwischen Oktober und Mai ist die Garden Route ein Eldorado für Naturliebhaber.

dunklen Winkel des Tsitsikamma Forest. Man darf sich die Garden Route nicht als eine Straße vorstellen, die von blühenden Gärten und romantischen Parks gesäumt wird, vielmehr verläuft dieses Teilstück der N2 zwischen Mossel Bay und dem Tsitsikamma Forest durch eine der landschaflich abwechslungsreichsten Regionen des Landes. Man kommt durch üppige tropische und aufgeforstete Kiefernwälder, die sich manchmal bis zur Küste hinziehen, durch Obstplantagen und propere Dörfer

01 *Strandspaziergang bei Plettenberg Bay*
02 *Weinregion bei Swellendam im Frühling*
03 *Swellendams prächtige viktorianische Kirche*

01

02

03

04

„Ohne Vergeben gibt es keine Zukunft.“

Desmond Tutu

im viktorianisch-kapholländischen Stil und vorbei an steilen Felsküsten und sanft abfallenden, menschenleeren Stränden.

Der verschwundene Mief der Apartheid

Beim Anblick der prächtigen viktorianischen Fassaden in Swellendam könnte man glauben, die Zeit sei hier stehen geblieben. Was aber, bezieht man dieses Gefühl auf den Zeitgeist, falsch ist. Denn die britisch-burische Mentalität der hier lebenden Weißen ist vom schnellen, pulsierenden Rhythmus eines Neubeginns ohne den Mief der Apartheid mittlerweile eingeholt.

Land der Buntböcke

Von Swellendam sind es nur sechs Kilometer bis in den 3326 Hektar großen Bontebok-Nationalpark. Diese hoch gewachsenen Buntböcke mit ihrem rotbraunen Fell gibt es nur in Südafrika, doch während man sie in der Wildnis nur ganz selten sieht, leben sie hier in so großer Zahl, dass man ihnen beim Wandern in der hügeligen Landschaft sozusagen über den Weg läuft. Von Swellendam ist es nur ein kurzes Stück geradeaus an die Küste zum Cape Agulhas, zu jenem Felsvorsprung, der der südlichste Punkt Afrikas ist und an dem der Indische und der Atlantische Ozean ineinander fließen.

Wanderparadies

Das De Hoop Nature Reserve, südlich des Bontebok-Parks und direkt am Meer gelegen, ist wegen seiner ausgedehnten Wanderwege entlang des Feuchtgebiets und über die zerklüfteten Klippen bekannt. Einsame Sandstrände umrahmen Lagunen und Flussmündungen; die geschützte Bucht ist Rückzugsgebiet für Wale. Nahe dem Ort Heidelberg – dort spricht man noch immer Deutsch – kann man die Boosmanbos Wilderness Area und das Grootvadersbosch Nature Reserve ausgiebig erkunden, bis es über Still Bay und das Fischerdorf Melkhoutfontein nach Mossel Bay geht.

Über den Pass und in die Karoo

George, wunderschön am Fuße der Outeniqua Mountains gelegen, von herrlichen Stränden umgeben und mit einem der bekanntesten Golfplätze des Landes versehen, ist kaum einen Aufenthalt wert. Es sei denn, man will in den Outeniqua Choo-Tjoe Train einsteigen, um in der alten Dampfeisenbahn eine gemütlich zuckelnde Reise bis nach Knysna zu machen – durch eine Landschaft, die in ihrer Vielfalt wie der Garten Eden anmutet. Von George führt die geteerte R 29 über den Outeniqua Pass, während die unbefestigte, aber mühelos zu fahrende Nebenstrecke

01 *Die „Kathedrale“ der Cango Caves*
02 *Auf einer Straußenfarm in der Karoo*
03 *Der Portier ist immer für die Hotelgäste da*
04 *Outeniqua Mountains im Hinterland von George*

„Ich weigere mich,
ohne Hoffnung zu sein.“
Nadine Gordimer

SPECIAL Bed & Breakfast

Der Charme der B&Bs

Statt teuer ins Hotel - privat zu netten Leuten. Bed & Breakfast ist eine preiswerte Alternative, in Südafrika zu übernachten. Hier lassen sich nicht nur das Land, sondern auch die Menschen leichter kennenlernen.

Besondere Gastkultur

Eine besondere Ausprägung der Gastkultur an der Garden Route sind die vielen Bed & Breakfast-Pensionen, die das Unterkommen in Hotels überflüssig machen. Manchmal hat die Gastgeberfamilie in ihrem Haus nur ein, zwei Zimmer frei machen können, doch die sind mit ebensolcher Liebe zum Detail ausgestattet wie die in den größeren Häusern, wo Zimmer auch schon mal nach Themen eingerichtet sind. Allen B&Bs ist eines gemein: der Kontakt zu den Hausbesitzern. Und wo erhält man bessere Tipps, bekommt intensiveren Einblick in das Geschehen im Land als bei einem ausgiebigen, persönlichen Gespräch? Allerdings versteht man anders als auf den Britischen Inseln in Südafrika unter B&Bs nicht nur Privatquartiere, sondern auch Pensionen, Stadtwohnungen, Eigenheime und Farmunterkünfte.

über den atemberaubenden Montagu Pass verläuft. Schon aus der Höhe der Berge ist sie in ihrer Kargheit zu erkennen: die Halbwüste der Klein Karoo, eine von Kleingewächsen bedeckte bräunliche Landschaft, wie von Samt überzogen; Lichtsprenkel hier und da – weiße, kapholländische Farmhäuser –, ansonsten raues Land. Längs der Straße erstrecken sich riesige eingezäunte Flächen, in denen sich schwarzweiße und braune Punkte bewegen. Es ist dies das Land der Strauße, und das Weltzentrum der Straußenzucht, Oudtshoorn, ist nicht weit.
Einst eine reiche Stadt, verpuffte die Pracht, als Straußenfedern Anfang des Zweiten Weltkrieges aus der Mode kamen. Wie viel Geld mit dem modischen Chi-Chi verdient worden war, bezeugen die Villen der ehemaligen Federbarone. Dass der Vogel Strauß heute wieder in ist, ist darauf zurückzuführen, dass alles von ihm zu verwerten ist: das Fleisch, weil fett- und cholesterinarm, die Haut als feinstes Leder, die Eier als begehrte Souvenirs, die Federn als antistatisches Reinigungsprodukt für die IT-Industrie.

Hobbits im Tsitsikamma Forest

Es war einmal ein Schriftsteller, John Ronald Reuen Tolkien mit Namen, der Inspirationen suchte für das größte Werk, das er je schreiben sollte – das Fantasy-Epos „Herr der Ringe“. Und während er endlose Wanderungen durch den Tsitsikamma Forest unternahm, lauschte er dem Wind in den Zweigen der vierzig, fünfzig Meter hohen Yellowwood- und Stinkwoodbäume, hörte das Wispern der kleinen Quellen im Unterholz, das Rascheln der Farne und Lianen und verstand die Sprache dieser Stille als das Treiben der Hobbits und Elfen bei ihrem Kampf um ihre Heimat Mittelerde.

Tolkien verstand die Sprache dieser Stille als das Treiben der Hobbits und Elfen.

Noch immer ist die Faszination dieser Magie lebendig, noch immer zählt der Tsitsikamma Forest, eingerahmt von wilder Küstenlandschaft, zu den schönsten Erlebnissen für Naturfreunde.

Weihnachts-Strandurlaub

Die „Austern-Stadt“ Knysna war einst mit ihrer Lagune ein Industriehafen für die Verschiffung wertvoller Hölzer. Sieht man allerdings „The Heads“, die beiden Felsen an der Ausfahrt der Schiffsrinne, dann fragt man sich, wie sich die meisten Schiffe

01 *Klettern an den Knysna Heads*
02 *Austernberg in Knysna*
03 *Lagunenküste bei Plettenberg Bay*

01 *Die prächtige Stadtbibliothek und ...*

02 *... das Rathaus in Port Elizabeth*

unbeschadet durch diese schmale Passage lavieren konnten. Plettenberg Bay, der nächste Ort, wächst alljährlich zu den hiesigen Sommerferien um das Zehnfache an, wenn nämlich südafrikanische Kinder zu Weihnachten Ferien bekommen und viele Familien hier ihren Urlaub verbringen. Das Getümmel löst sich in friedliche Stille auf, sobald die endlosen Strände wie Oyster Bay, Cape St. Francis, Paradise Beach oder

Vor kurzem war Port Elizabeth noch die Hochburg altvorderen Lebensstils. Heute ist es eine Stadt der Weltoffenheit.

Jeffrey's Bay erreicht sind. Hier mag man sein Quartier aufschlagen, um nicht im stets überfüllten Port Elizabeth bleiben zu müssen, obwohl die Stadt, Spaß, Sport und viele Vergnügungen verspricht.

„Detroit Südafrikas": Port Elizabeth

Das Industrie- und Handelszentrum Port Elizabeth, oft das „Detroit Südafrikas" genannt, einst treu britisch und in allen Traditionen etepetete, war bis vor kurzem noch die Hochburg altvorderen Lebensstils. Heute ist es eine Stadt der Weltoffenheit, in der es mehr Kneipen, Restaurants und Vergnügungszentren gibt als anderswo im Land.

03 *Grundschul-Alltag in Plettenberg Bay*
04 *Sonntags-Flohmarkt in Port Elizabeth*

Great Karoo
Groot Karoo
Little Karoo
Klein Karoo
Western Cape
Winterveld
Nuweveldberge
Roggeveldberge
Komsberge
Witteberge
Swartberge
Groot Swartbge.
Kammanassiebge.
Outeniekwabge.
Langeberge
Kougaberge
Groot Winterhoekbge.
Suurberge
Sneeuberg
Kareeberge
Swartruggens
Beaufort Wes
Beaufort West
Graaff-Reinet
De Aar
Colesberg
Middelburg
Cradock
Richmond
Victoria West
Carnarvon
Calvinia
Williston
Sutherland
Fraserburg
Laingsburg
Prince Albert
Oudtshoorn
George
Mosselbaai
Mossel Bay
Knysna
Plettenberg Bay
PORT ELIZABETH
UITENHAGE
Worcester
Robertson
Swellendam
Riversdal
Hermanus
Bredasdorp
Somerset Oos
Somerset-East
Tsitsikamma National Park
Wilderness N. P.
Karoo N. P.
St Francis Bay
Cape St. Francis
Cape Recife
St. Sebastian Bay
Observatory
Corbelled Houses
Rock Paintings
Bushman Drawings
Post Office Tree
01
02
03
04
05
06
07
08
09
10
11
104
92
99
38
Maßstab 1:2.200.000
0
30 km

Traumroute am Indischen Ozean

Auf über 200 km zieht sich die Graden Route, ein Teilstück der insgesamt 2000 km langen Nationalstraße 2 zwischen Kapstadt und Swasiland, am Indischen Ozean entlang. An der Strecke wechseln sich steile Felsküsten und sanft abfallende Sandstrände ab. Hier liegen zahlreiche Ferienorte und Naturreservate. Das Klima ist im Gegensatz zum trockenen steppenhaften Hinterland in der Karoo mild und feucht – an der üppig grünen Garden Route gedeiht fast alles.

01 HERMANUS

Es gibt nur wenige Orte auf der Welt, wo man von Land aus Wale beobachten kann. Seit die Walbeobachtungen eine touristische Attraktion geworden sind, ist Hermanus (26 000 Einw.), heute ein beliebter Badeort, von Mai bis August Dreh- und Angelpunkt des „Wal-Tourismus“.

SEHENSWERT Folgt man dem **Cliff Path** genießt man die ganze Zeit freie Sicht aufs Meer. Ob Wale da sind, erfährt man über die Whale Hotline (Tel. 0800/228222) oder vom Whale Crier auf der Promenade **TOPZIEL**. Den Luxus, Wale vom Bett oder vom Frühstückstisch aus zu beobachten, kann man sich im **Marine Hotel** an der Ecke Marine Drive/Main Road gönnen (Tel. 028/3131000).

MUSEUM Im **Old Harbour Museum** im alten Hafen erfährt man alles Wissenswerte über die größten Meeressäuger der Erde, durch Lauschbojen erklingen die „Gesänge“ der Wale (geöffnet: Mo. – Sa. 9.00 – 13.00, 14.00 – 17.00 Uhr).

AKTIVITÄTEN **Golf spielen** im Hermanus Golf Club (Tel. 028/3121954); **Wandern** im Fernkloof Nature Reserve (Tel. 028/3138000).

INFORMATION
Hermanus Tourism Bureau
Mitchell St., Old Station Building
Tel. 028/3122629, Fax 028/3130305
www.hermanus.co.za
geöffnet: Mo. – Fr. 9.00 – 17.00,
Sa. 9.00 – 13.00, So. 9.00 – 14.00 Uhr

02 SWELLENDAM

Die drittälteste Stadt Südafrikas (14 200 Einw.), im Jahr 1745 als Außenposten der Holländisch-Ostindischen Gesellschaft gegründet, liegt an den Ufern des Breede River vor den Ausläufern der Langeberge. Die Vryburgers, die seinerzeit hier siedelten, können nicht die Ärmsten gewesen sein, denn ihre Häuser bestimmen noch heute in aller Pracht das Stadtbild.

MUSEUM Den Lebensstil der Siedler kann man im **Drostdy Museum Complex** nachvollziehen (geöffnet: Mo. – Fr. 9.00 – 16.30, Sa. u. So. 10.00 – 15.30 Uhr). Das Freilichtmuseum umfasst Häuser aus der Mitte des 18. bis Mitte des 19. Jahrhunderts.

AKTIVITÄTEN Über die Van Oudtshoorn Straat führt ein **Mountainbike Trail** in die Langeberge (Räder gibt es bei der Touristeninformation zu mieten).
Wanderer begeben sich auf den 80 km langen Nature Trail, der durch das Marloth Nature Reserve führt. Sechs Übernachtungshütten können bei Marloth Reserve Cottages gebucht werden (Tel. 028/5141410).

UMGEBUNG Im **Bontebok National Park** kann man Bergzebras, Zwergantilopen, Kronenduckern und Buntböcke, eine nur in Südafrika vorkommende Antilopenart, beobachten (geöffnet: Okt. – April tgl. 7.00 – 19.00, Mai – Sept. 7.00 bis 18.00 Uhr; Campingplatz-Reservierungen bei South African National Parks, Tel. 028/5142735).

INFORMATION
Swellendam Publicity Association, Voortrek Street
Tel. und Fax 028/5142770, www.swellendam.co.za

03 – 08 GARDEN ROUTE

Die Garden Route ist ein ca. 200 km langer und landschaftlich überaus schöner und vielfältiger Abschnitt der N2 zwischen Mossel Bay und dem Tsitsikamma Forest. Man sollte mindestens zwei Tage einplanen.

03 WITSAND Hier konzentriert sich alles auf die Walsaison, die im Mai beginnt. Anfang August schwimmt der erste Nachwuchs so nah an der Küste entlang, dass man die Wale von den Klippen aus erkennen kann.

INFORMATION
Tel. 028/5371010

04 MOSSEL BAY In der Hafenstadt (80 000 Einw.) sollte man einen Stopp am **Bartolomeu Diaz Museum Complex** in der Market Street einlegen (geöffnet: Mo. – Fr. 9.00 – 13.00 u. 14.00 – 16.45, Sa./So. 9.00 – 16.00 Uhr). Zwei der Gebäude (1858 und 1879) beherbergen das **Local History Museum**. Die Attraktion im **Maritime Museum** ist der Nachbau der Karavelle des Entdeckers Diaz. Die **Granery**, ein alter Getreidespeicher, stammt noch aus der Zeit, als die Schiffe der Ostindiengesellschaft hier frische Waren bunkerten. Im selben Komplex ist das **Shell Museum** mit der wohl größten Sammlung afrikanischer Muscheln untergebracht.

AKTIVITÄTEN **Wanderungen** zum De Point und von dort der Küste zum St. Blaize Cave, dann zur Khoi-San-Höhle und zum alten Seefahrerkreuz, nahe dem Leuchtturm. Vom Hafen fahren

Das komfortable Plettenberg Hotel bietet seinen Gästen einen riesigen Pool

Ausflugschiffe zur vorgelagerten Seal Island mit Tausenden Seehunden und Pinguinen.

INFORMATION
Tourism Office, Church St./Market St.
Tel. 044/6912202, Fax 044/6913077
www.mosselbay.co.za

05 GEORGE Die nächste Station ist George (140 000 Einw.), 8 km von der Küste am Fuße der Outeniqua Mountains gelegen. Das **George Museum** (geöffnet: Mo. – Fr. 9.00 – 16.30, Sa. 9.00 bis 12.30 Uhr) in der Courtenay Street informiert u.a. über die Geschichte der Sklaverei. Abseits des Bahnhofs, dort, wo der Outeniqua **Choo-Tjoe Train** abfährt (George Station, Tel. 044/ 8018288, www.onlinesources.co.za) befindet sich das sehenswerte **Outeniqua Transport Museum** (Eisenbahnmuseum; geöffnet: Mo. – Sa. 8.00 – 17.00 Uhr).

AKTIVITÄTEN Wanderungen auf den Groedeweide Forest Trails, dem Tierkop Trail, dem Outeniqua Trail und hinauf zum George Peak (Infos im Tourismusbüro).

INFORMATION
The City of George, 124 York Street
Tel. 044/8019295, Fax 044/8735228
www.tourismgeorge.co.za
geöffnet: Mo. – Fr. 8.00 – 17.00, Sa. 9.00 – 13.00 Uhr

06 WILDERNESS Der kleine Küstenort, nur einen Steinwurf vom **Wilderness National Park** (Tel. 044/8771197, Fax 044/8770366, www.sanparks.org/parks/wilderness) entfernt, bietet mehrere schöne Badestrände.

AKTIVITÄTEN Wandern oder **Rad fahren** entlang der Wilderness Lakes Art Route, die von einer Künstlerwerkstatt zur nächsten führt (Fahrradverleih bei Tom's Tavern); Wanderungen durch den Nationalpark und Bootsfahrten auf dem Touw River (Kingfisher Ferry).

INFORMATION
Wilderness Tourism Info, Leila's Lane
Tel./Fax 044/8770045, www.wildernessinfo.co.za

07 KNYSNA (38 000 Einw.) liegt wunderschön an der Knysna Lagoon. In der **Oyster Tastings Tavern** auf Thesen's Island erfährt man durch Probieren, wie unterschiedlich gezüchtete und wilde Austern schmecken. **Das Woodmill Lane Shopping Centre** ist eine Ansammlung von Kunstgewerbeläden. Bleibt noch die Besichtigung der **Mitchell's-Brauerei** an der Vigilance Street (Tel. 044/3824685, Führungen: Mo. – Fr. 10.30 und 15.00 Uhr).

AKTIVITÄTEN Bootsfahrten (Tait Marine, Tel. 044/3824460), **Wracktauchen** (Waterfront Divers, Tel. 044/3841240).

INFORMATION
Knysna Tourism Office, 40 Main Street
Tel. 044/3825510, Fax 044/3821646
www.knysna.co.za

08 PLETTENBERG BAY (Plettenberg-baai) Wer etwas auf sich hält, hat hier ein Ferienhaus, sodass während der Urlaubszeiten die Einwohnerzahl von 10 000 auf 80 000 ansteigt. Die Stadt ist das „St. Tropez Südafrikas", dementsprechend sind die Preise. An Historischem ist hier nicht viel zu sehen, zahlreich hingegen sind die **Shopping Malls**. Sehr schön sind die ganz aus Gelbholz gebaute **St. Andrew's Church** und die **St. Peter's Church** (1855).

Im Addo Elephant National Park

UMGEBUNG Im nahen **Monkeyland** leben Lemuren, Grüne Meerkatzen und andere Affenarten, die aus Versuchslaboren gerettet wurden.

AKTIVITÄTEN Wandern im 9 km südöstlich gelegenen Robberg Nature Reserve; dort ist auch die Nelson's Bay Cave, in der das Skelett eines Kindes aus der Steinzeit gefunden wurde. Weitere Trails: im Keurbooms River Nature Reserve, im Garden of Eden, im Whiskey Creek Reserve (Infos: Robberg Nature Reserve, Tel. 044/5332125).

INFORMATION
Plettenberg Bay Tourism Centre
Mellville's Corner Centre, Main Street
Tel. 044/5334065, Fax 044/5334066
www.plettenbergbay.co.za

09 OUTSHOORN

Oudtshoorn (82 000 Einw.) liegt in einem Tal der Kleinen Karoo.

SEHENSWERT Schön anzuschauen sind in dem Zentrum der Straußenzucht die **Paläste** – Welgeluk, Dorphuis und Pinehurst, de Reims, van Meerbruk – derer, die Anfang des 20. Jhs. durch Straußenfedern reich wurden.

MUSEEN Auch das **C.P. Nel Museum** (geöffnet: Mo. – Sa. 9.00 – 17.00 Uhr) entstammt der „Federnzeit", heute ist darin ein Museum untergebracht, in dem man einiges über die Straußenzucht und die Stadtgeschichte erfährt.

UMGEBUNG Das verträumte, viktorianische Städtchen **Prince Albert** (4500 Einw.), ca. 70 km nördlich von Oudtshoorn, liegt am Fuß der Swartberge. Unbedingt sollte man das kleine **Stadtmuseum** besuchen (Church Street, geöffnet: Mo. – Fr. 14.00 – 17.00 Uhr). Ein Ausflug zu den

Tipp

Oulap überm Regenbogen

Oulap heißt „alter Lappen", aber als solcher fühlt sich Jans Rautenbach, der allgemein so genannt wird, noch lange nicht. Der ehemalige Filmproduzent war über Jahrzehnte den Apartheidsregierungen ein Stachel im Fleisch, und während andere Künstler und Kollegen ins Exil gingen, blieb er im Land und widersetzte sich den ständigen Diktaten der Politik. Nun, in die Jahre gekommen, residiert er in seinem bezaubernden Haus in den Swartbergen, inmitten einer der größten privaten Afrikana-Kunstsammlungen der Welt. Fünf Gästezimmer hat Oulap, die nur mit viel Glück zu buchen sind, denn wer einmal den Weg hierher gefunden und den Erzählungen Jans Rautenbachs gelauscht hat, der kommt ganz bestimmt wieder.

15 km östlich von De Rust
Tel. 044/2412250
E-Mail: oulap@mweb.co.za

Mit dem Outeniqua Choo-Tjoe Train geht es von George an der Küste entlang über die Lagune von Knysna

27 km nördlich von Oudtshoorn gelegenen Tropfsteinhöhlen, den **Cango Caves**, ist ein Muss (Info-Tel. 044/2727410, Führungen: Dez./Jan., März/April 8.00 – 17.00, ansonsten bis 16.00 Uhr). Auf dem Weg dorthin kann man drei **Straußenfarmen** besuchen (siehe S. 115).

INFORMATION

Oudtshoorn Tourism Bureau
Baron van Reede Street, Tel. 044/2702532
www.oudtshoorn.com

10 BEAUFORT WEST

Beaufort West (37000 Einw.) liegt in der Großen Karoo an der N1. In dem Gebiet wird vor allem Schafzucht betrieben.

AKTIVITÄTEN **Wanderungen** im Karoo National Park, z.B. auf dem Fonteitjieskloof Trail (11 km), dem Nuweveld Mountains Trail (80 km), dem Springbok Hiking Trail (4,5 km, 10,5 km und 11,5 km) oder dem 2-tägigen 4x4 Trail (nur in Begleitung eines Rangers; South African National Parks Board, Tel. 012/4289111, Fax 4265500, E-Mail: reservations@sanparks. org).

INFORMATION

Karoo National Park, Tel. 023/415 2828

11 PORT ELIZABETH

Die Stadt (850000 Einw.) ist reich an Attraktionen.

SEHENSWERT Vom 52 m hohen **Campanile**, neben dem Bahnhof, bietet sich ein phantastischer Blick über die Stadt (geöffnet: Mo. – Sa. 9.00 – 13.00, 14.00 – 16.00 Uhr). Palmenarkaden spenden dem **Market Square** Schatten; jeden Sonntag findet dort ein Flohmarkt statt. An der Stirnseite des Platzes erhebt sich das beeindruckendste Gebäude der Stadt: die **Public Library**, 1835 in klassischer viktorianischer Gotik erbaut. Das **Rathaus** wurde 1858 errichtet. Der **Donkin Heritage Trail** führt auf einer 5 km langen Route vom Leuchtturm aus durch den Stadtkern.

MUSEUM Das **Nelson Mandela Metropolitan Art Museum** am St. George's Park (geöffnet: Mo., Di., Do., Fr. 9.00 – 17.00; Mi., Sa., So. 14.00 – 17.00 Uhr) zeigt Werke zeitgenössischer Künstler.

AKTIVITÄTEN **Schwimmen** und **Surfen** am Humewood Beach, King's Beach, Hobie Beach, Shark Rock Pier und im McArthur Pool Complex. **Spaziergänge** im Happy Valley, einer hübschen Parkanlage, oder im **St. George's Park**. Eine Fahrt mit der **Dampfeisenbahn** unternimmt man mit dem Apple Express von Humewood Station nach Thornhill oder dem Diaz Express vom Bahnhof zur King's Beach, Tel. 041/5072333).

VERANSTALTUNGEN Auf der Freilichtbühne des St. George's Parks findet im Februar das **Shakespearean Festival** statt, an Ostern das **Splash Festival** am Hobie Beach; im Juni gibt's beim **Woodridge Country Fair** einen deutschen Biergarten und im September das **Spoornet PPC Great Train Race**.

UMGEBUNG Im **Addo Elephant National Park**, etwa 70 km nördlich von Port Elizabeth, sind auch Tagesbesucher willkommene Gäste (Info-Tel. 012/4289111).

INFORMATION

Tourist Information Centre
Donkin Lighthouse Building (Leuchtturm)
Tel. 041/5858884, www.nmbt.co.za

Nicht versäumen!

NATUR

Whale Crier
Hermanus gehört zu den besten Walbeobachtungsplätzen der Welt: Hier kann man die Riesensäuger auch von Land aus beobachten. Und damit niemand die Tiere „versäumt", ruft sie der einzige „Whale Crier" der Welt aus.

TOPZIEL Siehe Nr. 01

ERLEBNIS

Outeniqua Choo-Tjoe
Ein unvergessliches Erlebnis ist die Fahrt mit dem Outeniqua Choo-Tjoe, einer Schmalspurbahn mit Dampfzügen. Die 1928 eröffnete Strecke führt in Kehren mit Tunnels und Brücken durch eine wunderschöne Landschaft mit atemberaubenden Ausblicken.

Siehe Nr. 05

NATUR

Kanutripp durch die Wildnis
Regenwälder, Seenplatten und mäandernde Flüsschen – die Küstenlandschaft des Wilderness National Park gehört zu den bezauberndsten des Landes. Auf dem Wilderness Canoe Trail kann man sie per Kanu in vier Tagen erkunden.

Siehe Nr. 06

ERLEBEN

Monkeyland
In den Wäldern der 12 ha großen Reserve leben zahlreiche Affenarten, die aus Zoos, Privathaushalten und Laboren in die Freiheit geholt wurden. Höhepunkt im Monkeyland bei Plettenberg Bay ist eine 118 m lange Seilbrücke.

Siehe Nr. 08

NATUR

Elefanten, Elefanten
Als der Addo Elephant National Park 1931 gegründet wurde, waren Elefanten um Port Elizabeth fast ausgerottet. Dann schuf man den Addo, und als sich die Dickhäuter heimisch fühlten, wurden Rhinozerosse ausgewildert. Heute kann man hier beide Spezies beobachten.

Siehe Nr. 11

Südafrikas Badewanne

Die Küstenregion zwischen Port Elizabeth und Durban steht in dem Ruf, eine „einzige große Badewanne“ zu sein. Und in der Tat ist das Wasser des Indischen Ozeans hier ganzjährig warm, die Strände sind endlos – bis hinauf nach Mosambik. Versteckte Lagunen laden zum Baden ein, für Kinder sind diese Oasen Riesensandkästen mit dem Pool gleich nebenan. Angler stoßen auf ergiebige Jagdgründe; andere Abschnitte sind Surfern wegen ihrer halsbrecherischen Wellen ein Begriff, nicht umsonst heißt der Küstenstreifen „Wild Coast“.

Breite, endlose Sandstrände sind das „Markenzeichen“ der Südostküste

TORY FASHIO

„Ich glaube an die Gewaltlosigkeit als einziges Heilmittel."

Mahatma Gandhi

Nicht weniger abwechslungsreich ist das Hinterland. Grahamstown mit seinen properen viktorianischen und georgianischen Häusern liegt mitten im Stammesgebiet der Xhosa und diente, Anfang des 19. Jahrhunderts, für lange Zeit als Militärposten. 1776 waren die ersten Buren auf der Suche nach Land am Great Fish River angekommen, 1812 begann ein sieben Jahre dauernder Krieg der weißen Okkupanten mit den hier ansässigen Xhosa, die die entscheidende Schlacht bei Grahamstown verloren. Die neuen Herren beanspruchten nun das gesamte Gebiet zwischen dem Großen Fischfluss und dem Keiskamma-Fluss. Den Xhosa wurde das Homeland Transkei zugewiesen, die Weißen aber besiedelten das gesamte riesige restliche Gebiet.

Seither ist der Hass der schwarzen Bevölkerung auf die Weißen unüberwindlich. Bis heute gilt die Warnung, auch für Urlauber, nicht durch das Gebiet der ehemaligen Transkei zu fahren, und wenn doch, sich hier nicht aufzuhalten. Übergriffe der verbitterten, verarmten Schwarzen sind dort nicht selten.

In Grahamstown allerdings spürt man die Ressentiments nicht, ohnehin lebt die Stadt von einem modernen, offenen Flair. Dies verdankt sie nicht zuletzt den hier lebenden Studenten, die an der namhaften Rhodes University und weiteren Bildungseinrichtungen immatrikuliert sind.

Sunshine Coast

Bei Kenton-on-Sea mündet der Bushmans River ins Meer, allerdings nicht ohne sich vorher noch weit zu öffnen. Bis zu 40 Kilometer ist er landeinwärts schiffbar, Angler und Fliegenfischer finden hier ihren absolut richtigen Platz, Ornithologen könnten sich auf Jahre hierher zurückziehen, so artenreich ist die Vogelwelt. Weiter an der Küste entlang wechseln sich Naturreservate ab mit kleinen Dörfern, Wanderdünen bilden zauberhafte Landschaften, Dünenwälder bieten Schatten. An der Mündung des Buffalo River sorgt eine Stadt für Abwechslung: East London (heute wird der gesamte städtische Großraum Buffalo City genannt) mit seinen gepflegten Parks, dem Yachthafen, dem landschaftlich spektakulären Golfplatz, dem Amüsierviertel an den Ufern des Buffalo-Flusses und nicht zuletzt den hellen Stränden.

Wracks und Traumstrände

Die Zahl der Traumstrände nimmt nicht ab, die der gekenterten Schiffe auch nicht. Es gehörte zu den größten Herausforderungen der Seefahrer auf der Ostasienroute, diese tückischen Verhältnisse mit Stürmen, unterirdischen Felsen und unbe-

01 *Im Zentrum von Grahamstown*
02 *Strahlendes Zulu-Mädchen*
03 *Traditionelle Rundhüttensiedlung der Zulu*

01

02

03

rechenbaren Strömungen zu meistern. Einige der Schiffe verschwanden einfach, andere zerbarsten, aber was der damaligen Seeleute Leid, ist Tauchern heute eine wahre Freud'. Ganze Wrackrouten sind unter Wasser lokalisiert.

Glizzy Bizzy Boom Town

Nach solch unverfälschten Naturerlebnissen ist die Ankunft in Durban ein kleiner Schock. Ursprünglich haftete Durban neben dem Attribut, den zweitgrößten Hafen Afrikas zu besitzen, nur das Etikett „exotisch" an, denn die drittgrößte Stadt Südafrikas ist das Zentrum der indischen Community. 1843 kamen die ersten Inder nach D'Urban – benannt nach dem Kapgouverneur Sir Benjamin D'Urban –, nachdem die Ländereien im weiten Umkreis zum Anbau von Zuckerrohr kultiviert worden waren. 1883 lebten hier bereits 30 000 Inder als Kontraktarbeiter in der Zuckergewinnung. Die meisten blieben auch nach Ablauf ihrer Verträge, doch wie die Schwarzen hatten auch sie nur das Recht auf ein Leben unterster Klasse. Eine Erfahrung, die auch der junge indische Rechtsanwalt Mahatma Gandhi machen musste. Dennoch: Durban war schon immer stärker als andere südafrikanische Städte kosmopolitisch ausgerichtet. Seit Anfang des 20. Jahrhunderts lassen sich hier Menschen aller Rassen

01 *Poollandschaft an der Beachfront in Durban*
02 *Curryberge im indischen Markt*
03 *Durban: vor der City Hall*
04 *Hochhäuser säumen Durbans Yachthafen*

01

02

03

04

SPECIAL Freiheitsbewegung

Vorbild Gandhi

Mahatma Gandhi (1869 – 1948), der bedeutendste Führer der indischen Freiheitsbewegung, kam 1893 als Rechtsanwalt nach Südafrika.

Die Politik der Satyagraha

Dort erfuhr der junge Mann am eigenen Leib, was es hieß, nicht der herrschenden Klasse der Weißen anzugehören: Während einer Zugfahrt von Durban nach Pretoria wurde er in Pietermaritzburg aus dem Erste-Klasse-Abteil auf den Bahnsteig geworfen, da Nichtweiße dieses nicht benutzen durften. 1894 gehörte er zu den Gründern des Natal Indian Congress und organisierte den Widerstand gegen die Rassengesetze. Bald schon war Gandhi der politische Führer der indischen Bevölkerung in Südafrika. Er entwickelte seine Politik des „Satyagraha", des gewaltlosen, passiven Widerstands und des bürgerlichen Ungehorsams. Nach 21 Jahren kehrte Gandhi 1914 nach Indien zurück, um für die Unabhängigkeit seines Landes von der britischen Kolonialmacht zu kämpfen. Gandhis Politik der Gewaltlosigkeit wurde später für viele Schwarze Vorbild im Kampf gegen die Apartheid. Nelson Mandela erkannte ihm deshalb 1993 die „historische Vorbildrolle des Mahners" zu.

nieder, ohne ihre Andersartigkeit kaschieren zu wollen. Daraus und aus der typischen Atmosphäre einer Hafenstadt erwuchs Durban als ein Ort, wo man sich amüsiert, mit grellen Neonreklamen, quietschbunten Straßencafés, Wolkenkratzern mit verspiegelten Fassaden und lärmenden Vergnügungszentren. Durban ist so wild und laut, dass daneben selbst Kapstadt gediegen und ehrbar wirkt.

„Kamm des Drachen"

Auf einer Länge von über 1000 Kilometern erstreckt sich das nach dem Kilimanjaro-Massiv zweithöchste Gebirge Afrikas vom Nordosten der Provinz Mpumalanga, westlich des Kruger National Park, bis in das Königreich Lesotho im Süden.

Die beiden nur von einer Senke unterbrochenen Teile des Gebirgszuges unterscheidet man in Natal-Drakensberge oder Südliche Drakensberge und Nördliche Drakensberge. Weite Teile des Gebirges sind Naturschutzgebiete und gehören zum uKhahlamba Drakensberg Park; überdies zählt die ganze Region heute zum Weltnaturerbe.

Felsmalereien der San

In den Höhlen der Drakensberge legte das älteste Volk im südlichen Afrika Zeugnis ab von seiner Kultur: Die Felsmalereien der San, selten höher als 30 Zentimeter, stellen Jagdszenen dar und zeigen Rituale der Schamanen. Erst Ende 2002 wurde ein Felsüberhang entdeckt, auf dem mehr als 5000 dieser Zeichnungen zu sehen sind.

Rhinos und Madenpicker

Nach zwei Autostunden von Durban in Richtung Nordosten fährt man durch das Tor des Hluhluwe-Umfolozi Game Park. Wie inszeniert grast eine Familie Nashörner am Wegrand, im Hintergrund dehnen sich dicht bewaldete Hügel bis zum Horizont aus, und die fruchtbaren Täler der Grassavanne münden an den Ufern des Black und des White Umfolozi River. Im übermannshohen Gras wandert eine riesige Herde Büffel nordwärts, ihre schwarzen Rücken, auf denen bunte Madenpicker sitzen, sind nur wahrzunehmen, wenn der Wind die Papyrus- und Schilfstengel teilt. Der Wind trägt den Geruch von weiteren Rhinozerossen heran.

Kein Wunder, denn der Hluhluwe-Umfolozi Game Park ist das größte Schutzgebiet für die vom Aussterben stark bedrohten Nashörner. Nahezu 2000 White Rhinos (Breitmaulnashörner) und 500 Black Rhinos (Spitzmaulnashörner) leben hier neben Elefanten, Löwen, Leoparden, Giraffen, Zebras, Krokodilen, Schakalen und Hyänen.

01 *„Amphitheater" in den südlichen Drakensbergen*
02 *Basotho am Sani-Pass*
03 *Leuchtende Protea-Blüte in 2000 m Höhe*
04 *Markt beim uKhahlamba Drakensberg Pass*

01 *Gottesdienst im Freien bei St. Lucia*
02 *Flusspferde im Umfolozi River*

03 *Bootssafari im Greater St. Lucia Wetland Park*
04 *Ein filigranes Korbgeflecht entsteht*

Einzigartiger Naturpark

Die Liste der Artenvorkommen im Hluhluwe-Umfolozi Game Park ist sensationell und wird in Zukunft wohl noch spektakulärer sein, wenn vom sich anschließenden Phinda Private Game Reserve ein Korridor zum St. Lucia Wetland Park geschaffen wird und sich damit das Trocken-Wildgebiet des Parks mit dem des weltweit einzigartigen Feuchtbiotops verbindet.
Dieses Attribut brachte dem zweitältesten Schutzgebiet des Landes einen Platz auf der Liste der Welterbestätten ein. Das Gebiet besteht aus dem größten Binnensee Südafrikas, aus uralten Küstenwäldern mit meterhohem Ilex, Korallenbäumen, White Milkwood- und wilden Feigenbäumen. Ein

Die Artenvielfalt im Hluhluwe-Umfolozi Game Park ist sensationell und wird in Zukunft wohl noch spektakulärer sein.

Meeresarm, gesäumt von dichten Mangrovenwäldern, verbindet den See mit dem Indischen Ozean, der ideale Lebensraum für Lederschildköten, Flusspferde und Flamingos. Die Dünen entlang der Küste sind bis zu 150 Meter hoch; in ihrem Schatten stemmen sich Sportfischer der steifen Meeresbrise entgegen. Manchmal kann man vom Ufer aus sogar die Korallengärten im warmen Agulhas-Strom des vorgelagerten St. Lucia Marine Reserve sehen.

05 *Zulu-Familie beim Hluhluwe Game Park*

BOTSWANA
GABORONE
Mochudi
Molepolole
Kanye
Lobatse
Mafikeng
Lichtenburg
Vryburg
KIMBERLEY
BLOEMFONTEIN
Polokwane
Mokopane
Modimolle
Nelspruit
Barberton
Mbabane
Manzini
SWAZILAND
MAPUTO
PRETORIA
MAMELODI
Rustenburg
Krugersdorp
Roodepoort
Benoni
Springs
Soweto
JOHANNES-BURG
Germiston
Brakpan
Vanderbijlpark
Vereeniging
Potchefstroom
Klerksdorp
Sasolburg
Kroonstad
Welkom
Odendaalsrus
Virginia
Bethlehem
Harrismith
Ladysmith
Newcastle
Volksrust
Ermelo
Middelburg
Witbank
Piet Retief
Vryheid
Dundee
Richards Bay
Empangeni
Estcourt
PIETERMARITZBURG
DURBAN
Pinetown
Amanzimtoti
Port Shepstone
Kokstad
Umtata
Port St. Johns
MASERU
LESOTHO
Ladybrand
Maputsoe
Mafeteng
Aliwal North
Queenstown
Cradock
Graaff-Reinet
Middelburg
Colesberg
Grahamstown
BISHO
King William's Town
Zwelitsha
MDANTSANE
EAST LONDON
OOS-LONDEN
Port Alfred
UITENHAGE
PORT ELIZABETH
St. Francis Bay
Cape St. Francis
Drakensberg
Witwatersrand
Waterberge
Winterberge
Limpopo
Mpumalanga
Gauteng
North-West
Free State
KwaZulu-Natal
Eastern Cape
01
02
03
04
05
06
80
52
104
Maßstab 1:4.000.000
0
60

„Hauptstadt des Vergnügens“

Das touristische Zentrum der Region ist die Metropole Durban. Urlaub in Durban bedeutet Badeurlaub. Allein ein Bummel über die Strandpromenade entlang der Golden Mile und die ins Meer hineinragenden Piers ist eine Reise wert. Darüber hinaus gibt es an der „Wild Coast“ einige außergewöhnliche Landschaften und Naturparks zu entdecken wie das riesige Feuchtbiotop des Greater St. Lucia Wetland Park oder die imposante Bergszenerie der Natal-Drakensberge.

01 GRAHAMSTOWN

Die Universitäts- und Bischofsstadt Grahamstown (95000 Einw.) liegt 60 km landeinwärts zwischen den Hafenstädten Port Elizabeth und East London. Das Anfang des 19. Jhs. gegründete Städtchen hat sich zu einem kulturellen Zentrum des Landes entwickelt.

SEHENSWERT Die Relikte der ersten Blütezeit von Grahamstown sind im Stadtteil **Artificer's Hill** zu sehen. Die Häuser der britischen Handwerker, Händler und Künstler, die sich um 1820 hier niedergelassen hatten, wurden renoviert und ergänzen das englisch-kapholländische Stadtbild perfekt. In **Fingo Village**, einem Viertel vor der Stadt, hatten sich, zur gleichen Zeit wie die Weißen, schwarze Siedler niedergelassen. Sie besaßen Land und arbeiteten in der Wollproduktion. 1948 wurden sie im Zuge der Apartheid enteignet und vertrieben.

MUSEEN Der **Albany Museum Complex** besteht aus fünf Museen: Natural Science Museum, History Museum, Observatory Museum, Provost Prison und Fort Selwyn. Das Natural Science Museum in der Somerset Street neben dem Zugang zur Universität zeigt Exponate zur Frühgeschichte des Menschen in Afrika, zur Geologie und zur Vogelkunde. Das History Museum nebenan widmet sich der politischen und kulturellen Geschichte des Ost-Kaps: Möbel, Waffen, Gemälde. Im Observatory Museum in der Bathurst Street kann man eine Camera obscura bestaunen. Öffnungszeiten aller Museen: Di. – Fr. 9.30 bis 13.00, 14.00 – 17.00, Sa. 9.00 – 13.00 Uhr.

AKTIVITÄTEN **Mountainbiking, Klettern** und Bergsteigen sind ideal in dieser bergigen Landschaft. **Wanderern** bieten sich weite Wege im Thomas Baines, im Kowie und im Bathurst Nature Reserve, **„on Safari“** begibt man sich im Andries Vosloo Kudu und im Sam Knott Nature Reserve („Great Fish River Reserve“), geöffnet von Sonnenauf- bis Sonnenuntergang, sowie im Kwandwe Private Game Reserve (Tel. 011/8094300), dessen wildreiches Gelände auch Tagesbesuchern zugänglich ist. Das Wander-Highlight dieser Küste ist der **Shipwrack Hiking Trail**. Essen, Brennholz etc. muss mitgenommen werden (Anmeldungen beim Port Alfred Publicity Office). **Kanufahrten** auf dem Bushmens River können auf zwei Tage ausgedehnt werden (Kenton Marina, Tel. 046/6481223).

VERANSTALTUNG Das **National Festival of Arts** findet alljährlich Anfang Juli statt.

UMGEBUNG Die Dörfer entlang der **Sunshine Coast**, der wunderschönen Küste von Port Elizabeth bis nach East London, sind nur wenig besucht, doch gibt es genügend Bed-and-Breakfast-Pensionen. Die ausgeschilderten Trails heißen Alexandria Trail und Diaz Cross Walk. Auch im **Joan Muirhead Nature Reserve** führen Rundwege durch die Dünen- und Buschlandschaft.

INFORMATION
Makana Tourism, 63 High Street
Tel. 046/6223241, Fax 046/6223266
www.grahamstown.co.za
geöffnet: Mo. – Fr. 8.30 – 17.00, Sa. 9.00 – 13.00 Uhr

02 EAST LONDON

Die Regierung ließ nicht mit sich handeln: East London (422000 Einw.) ist altmodisch, das neue Südafrika braucht Städtenamen, die den jungen Zeitgeist repräsentieren. Und da die Stadt am Buffalo-Fluss liegt, heißt sie heute offiziell „Buffalo City“. Die Stadtgeschichte beginnt mit der Anlandung von 2300 deutschen Veteranen aus dem Krimkrieg im Jahr 1857. Ihnen und 2300 weiteren Bauern, Händlern und Handwerkern war Land als Dank für ihre Dienste versprochen worden. Viele der Ortsnamen in der Umgebung – Hamburg, Berlin, Potsdam ... – erinnern an diese Wurzeln.

SEHENSWERT Im **Queen's Park Botanical Garden** (geöffnet: tgl. 9.00 – 17.00 Uhr) lässt es sich zwischen exotischen Gewächsen gut ausspannen. Auf der anderen Seite des kleinen Hafenbeckens liegt **Latimer's Landing**, ein Vergnügungs- und Shopping-Zentrum. Schaut man aus dem botanischen Garten in Richtung Norden, thront die imposante **City Hall** in viktorianischer Renaissancepracht an der Oxford Street.

Town Hall in East London

MUSEEN Die **Ann Bryant Arts Gallery** (geöffnet: Mo. – Fr. 9.30 – 17.00, Sa. bis 12.00, So 9.30 – 17.00 Uhr) in der St. Marks Street zeigt die Werke südafrikanischer Künstler. Wenige Schritte weiter liegt das **East London Museum** (geöffnet: Mo. – Fr. 9.30 – 17.00, Sa. 14.00 – 17.00, So. 11.00 – 16.00 Uhr), sehenswert sind hier v.a. die kunsthistorische Ausstellung der Xhosa, das Ei eines Dodo, eines seit dem 17. Jh. ausgestorbenen flugunfähigen Vogels, und einen 1938 im Chalumna River gefangenen Quastenflosser.

AKTIVITÄTEN Natürlich ist auch diese Region zum **Schwimmen, Tauchen** – Orient Beach, Nahoon Beach, Eastern Beach –, **Golf spielen, Boot fahren** und **Wandern** prädestiniert. Der **Strandloper Hiking Trail** (Info-Tel. 043/7222203; Gezeitenplan einsehen!) ist 65 km lang und in drei Tagen zu erwandern.

VERANSTALTUNGEN Im Februar werden das **Africa Renaissance Festival** mit viel Kunst und Kultur und der **Surfers Marathon** veranstaltet; im März wird beim **Harbour Festival** um den Grand Prix der Formel-1-Motorboote gefahren; die **East London Expo** findet im April statt, im Juli das **Washie 100 Mile Road Race** und im Dezember der **Christmas Carnival**.

UMGEBUNG Auf der Fahrt in Richtung Wild Coast und Durban erreicht man nach ca. 20 km das Feuchtbiotop des **Gonubie Nature Reserve** an der Mündung des gleichnamigen Flusses mit prächtigen Küstenwäldern. Von der N2 entlang der Küste in Richtung Durban biegen alle paar Kilometer Feldwege zum Strand ab. Die Stranddörfer – Kentani, Genwa, Qora Mouth, Hole-in-the-

Noble Lodge im Phinda Private Game Reserve

Wall, Coffee Bay, Umngazi, Port St. Johns – bieten bescheidene Unterkünfte. Auch reiht sich ein Naturreservat an das andere.

INFORMATION
East London Tourism
Shop 1 & 2 King's Entertainment Centre, Esplanade
Tel. 043/7226015, Fax 043/7435091
www.eastlondontourism.co.za

03 DURBAN

Durban (800 000 Einw.) ist die drittgrößte Stadt Südafrikas und bedeutender Industriestandort. Dank des subtropischen Klimas, der weitläufigen Strände, des warmen Wassers und einer guten Infrastruktur genießt Durban, als größter Fremdenverkehrsort des Landes, auch den Ruf, Südafrikas „Hauptstadt des Vergnügens" zu sein.

SEHENSWERT Der Spaziergang durch die Innenstadt beginnt am **Hauptpostamt** (Ecke Gardiner Street/West Street); das 1885 errichtete Gebäude diente bis 1910 als Rathaus. Ein paar Schritte geradeaus führen zur prächtigen **City Hall**. Am **alten Bahnhof** vorbei gelangt man über die Commercial Road zur Grey Street mitten hinein in das exotische Viertel der indischen Bevölkerung. Hier liegen sich die **Jumah-Moschee**, die größte Moschee der südlichen Hemisphäre, und die **Emmanuel Cathedral** gegenüber. Die **Ajimeri-** und die **Madressa-Arkaden** beherbergen viele kleine Geschäfte, und vom **Victoria Street Market** (geöffnet: Mo. – Sa. 6.00 – 17.00, So. 10.00 – 15.00 Uhr) wehen die Düfte asiatischer Gewürze herüber. Nördlich der Centenary Road liegen der **Botanische Garten** (geöffnet: tgl. 7.30 – 17.15 Uhr), mit Palmenweg und Orchideenhaus, und der **Greyville Race Course** (Pferderennen einmal im Monat). **The Golden Mile**, die Vergnügungsmeile am Strand, bietet Bars, Restaurants, Casinos, einen Eispalast und ein riesiges **Aquarium** (geöffnet: tgl. 9.00 bis 21.00 Uhr) mit angeschlossenem **Delphinarium**. Die **Minitown** (geöffnet: tgl. 9.30 – 16.30 Uhr) an der Snell Parade und der Snake Park (geöffnet: tgl. 9.00 – 17.00) am Ende der Lower Marine Parade versprechen zusätzliche Abwechslung. Vom **Drehrestaurant Roma** (Tel. 031/3376707) im **John Ross House** am Victoria Embankment lässt sich der Hafen überblicken.

MUSEEN Im Untergeschoss des Rathauses ist das **Natural Science Museum** untergebracht; die **Durban Art Gallery** im ersten Stock ist eine Fundgrube an südafrikanischer Kunst. Auf der West Street erreicht man das **Local History Museum**, in dem man sich über die Geschichte Durbans und der Zulu informieren kann. Das **KWA Muhle Museum** in der Ordnance Road widmet sich der Apartheid in Durban. Das **Port Natal Maritime Museum** am Small Craft Harbour ist ein Muss für Schiffs- und Meeresfans.
Öffnungszeiten der Museen in der Regel: Mo. bis Fr. 8.30 – 16.00, Sa./So. 11.00 – 16.00 Uhr.
Durbans größte Attraktion ist der 2004 eröffnete Vergnügungspark **uShaka Marine World** im südlichen Viertel Point, der u.a. ein riesiges Aquarium, einen Wasservergnügungspark, ein Einkaufsdorf und ein Restaurant in einem „Schiffswrack" umfasst (geöffnet: tgl. 9.00 – 18.00 Uhr).

AKTIVITÄTEN **Tauchen** und **Hai-Tauchen** (Aliwal Dive Centre, Tel. 039/9732233); **Surfen** (Board-Verleih bei Surf Zone, Tel. 031/3685818); **Golfen** (Durban Country Club, Tel. 031/3131700); **Segeln** (Ocean Sailing Academy, Tel. 031/3015726); **Mountainbiketouren** (Durban Mountain Bike Club, Tel. 031/3129072); **Tiefseefischen** (Lynski Charters, Tel. 031/5393338); **Township-Touren** (Hamba Kahle Tours, Tel. 031/3055586).

UMGEBUNG 50 km nördlich von Durban breitet sich das schöne **Valley of Tousand Hills** mit seinen Hügeln aus. Einen Besuch wert ist das 80 km nordwestlich von Durban gelegene Universitätsstädtchen **Pietermaritzburg**, das sich durch Parks und viktorianische Gebäude auszeichnet. Überaus sehenswert ist das Natal Museum, eines der fünf südafrikanischen Nationalmuseen, mit seinen natur- und kulturhistorischen Sammlungen (Loop Street, geöffnet: Mo. – Fr. 9.00 – 16.30, Sa. 10.00 bis 16.00, So. 11.00 bis 15.00 Uhr). Im Badeort **Umhlanga** befindet sich eine der größten Shopping Malls in Afrika.

INFORMATION
Tourist Junction, 160 Pine Street
Tel. 031/3044934, Fax 031/3046196
www.durbanexperience.co.za

04 NATAL-DRAKENSBERGE

Die Drakensberge, ein über 1000 km langer Gebirgszug, erstreckt sich vom Nordosten der Provinz Mpumalanga, westlich des Kruger-Nationalparks, bis zur Ostgrenze Lesothos im Süden. Die über 3000 m hohen Gipfel des Champagne und des Giant's Castle sowie des Hodgson's Peak bestimmen das Panorama der Bergkette. Über den 2895 m hohen Sani-Pass kann man nach Lesotho einreisen.

NATURPARKS Im Jahr 2000 wurden die Naturreservate der Natal-Drakensberge zum **uKhahlamba Drakensberg Park** zusammengefasst, nachdem die Region zum Weltnaturerbe erklärt wurde. Das Gebiet ist infra-strukturell gut ausgebaut. Die Hochgebirgslandschaft des 1906 eingerichteten **Royal Natal National Park** erstreckt sich zwischen dem Mont-aux-Sources-Hotel und dem gleichnamigen Berg. Der 3165 m hohe Sentinel begrenzt die Felswand im Westen, der Eastern Buttress (3047 m ü.d.M.) im Osten. Landschaftlicher Höhepunkt ist die als „Amphitheater" bezeichnete, 5 km lange Bergwand im Süden des Nationalparkgebiets, deren Felsen stellenweise über 500 m tief senkrecht abfallen. Das **Giant's Castle Game Reserve**, 1903 zum Schutz der letzten Herden von Elenantilopen eingerichtet, liegt zwischen dem Campagne und Giant's Castle. Im Norden und Süden des Parks gibt es noch kleinere Bergregenwälder, ansonsten besteht die Vegetation v.a. aus Grasland.

Einer der Hauptanziehungspunkte des Naturparks sind die Felszeichnungen der San.

AKTIVITÄTEN Vom Bushman's Nek Hotel, 30 km westlich von Underberg, startet der fünftägige **Giant's Cup Hiking Trail**, der über den KwaZulu Natal Conservation Trust (s.u.) zu buchen ist.

INFORMATION
Southern Drakensberg Publicity Association
Underberg, Tel./Fax 033/7011471
www.drakensberg-tourism.com

05 HLUHLUWE-UMFOLOZI GAME PARK

Das Naturreservat, ca. 250 km nordöstlich von Durban, wurde 1885 gegründet. Die große Population von Breitmaul- und Spitzmaulnashörnern ist die größte Attraktion des Wildparks, die Landschaft mit ihren Galeriewäldern, Hügeln und Flüssen ist aber nicht weniger attraktiv, ebenso wie die hier lebenden Zebras, Büffel, Elefanten, Löwen, Giraffen, Hyänen, Kudus, Impalas und Wasserböcke.

AKTIVITÄTEN Der **Emoyeni** und der **Masindi Trail** sind alleine zu erwandern, alle anderen Wanderungen müssen mit einem Ranger unternommen werden.

INFORMATION
KwaZulu-Natal Wildlife
PO Box 13053, Cascades 3202, South Africa
Tel. 033/8451000, Fax 033/8451001
www.kznwildlife.com

06 GREATER ST. LUCIA WETLAND PARK

Seit jüngstem Weltnaturerbe, gehört dieses riesige Feuchtbiotop, etwa 50 km östlich des Hluhluwe-Umfolozi Game Park, unbedingt in die Reiseplanung **TOPZIEL**. Zu dem Gebiet gehört der Ort St. Lucia, das St. Lucia Game Reserve sowie das Mapelane Nature Reserve an der Mündung des Umfolozi Rivers, wo an den Mangroven entlang der Flussufer Austern wachsen und Pinselohrschweine, Ducker und Wasserböcke im Gebüsch rumoren, und in naher Zukunft auch das Phinda Private Game Reserve. Auf dem nur eineinhalb Meter tiefen Lake St. Lucia sollte man sich auch im Boot vorsichtig bewegen, denn die Flusspferde verabscheuen es, auf ihren Spaziergängen auf dem Grund des Sees gestört zu werden. Am Charter's Creek und im False Bay Park kann man die Krokodile von den Felsen aus beobachten. Da geht man nicht ins Wasser! Auch nicht zum Durchwaten auf einem der Wandertrails wie dem Umkhumbe, dem Isikhova, dem Mvuba und dem Inboma Trail. Die Trails führen durch Küstenwälder, über Dünen, die bis zu 150 m hoch sind.

HINWEISE Malariaprophylaxe ist unumgänglich. Kinder dürfen nicht allein gelassen, und nach Einbruch der Dunkelheit dürfen die Quartiere nicht mehr verlassen werden. Beim Baden im Meer muss man mit Haien rechnen (keine Hai-Netze). Nicht in der Nähe von Flussufern spazieren oder spielen. Auf Schlangen und Skorpione achten.

INFORMATION
siehe Hluhluwe-Umfolozi Game Park

Picknickpause während einer Safarifahrt durch das Kwandwe Private Game Reserve

Nicht versäumen!

ERLEBEN

uShaka Marine World
Kernstück des neuen Fun Parks in Durban ist das Sea World Aquarium. In einem nachgebauten gesunkenen Dampf-Frachter aus dem Jahr 1920 wurden Groß-Aquarien von fast 500 m Länge eingebaut.

Siehe Nr. **03**

ERLEBEN

Shop till you drop
Eine der größten Shopping Malls des Kontinents mit Kinos und Restaurants befindet sich in dem Badeort Umhlanga bei Durban. Besondere Attraktion: die größte künstliche Surfwelle der Welt.

Siehe Nr. **03**

KULTUR

Kunst aus grauer Vorzeit
Inmitten einer der großartigsten Naturschönheiten Südafriaks, den Natal-Drakensbergen, haben sich v.a. im Giant's Castle Game Reserve über 20000 Felsmalereien der San erhalten. Sie zeigen Wildtiere sowie Jagd- und Kampfszenen und sind bis zu 2000 Jahre alt.

Siehe Nr. **04**

NATUR

Land der Breitmaulnashörner
Der 960 km² große Hluhluwe-Umfolozi National Park zählt zu den ältesten und interessantesten Südafrikas. Alle „Big Five" sind hier anzutreffen sowie weitere 50 Säugetierarten. Im Park lebt etwa 50 % des Weltbestandes an Breitmaulnashörnern.

Siehe Nr. **05**

NATUR

Amphibische Welt
Einzigartig vielfältig sind Vegetation und Vogelwelt im 2500 km² großen St. Lucia Wetland Park um den Lake St. Lucia. Südafrikas größter Binnensee ist durch einen bis zu 180 m hohen Dünengürtel vom Indischen Ozean getrennt.

TOPZIEL Siehe Nr. **06**

„Heia Safari“: die „Big Five“

Zwei Millionen Hektar Wildnis, so groß wie Belgien: Der Kruger National Park ist einer der größten Naturparks der Welt und vielleicht der berühmteste überhaupt. Nirgendwo, auch nicht in anderen Regionen Afrikas, kann man unter ähnlich bequemen Umständen eine vergleichbare Anzahl an Wildtieren in freier Wildbahn beobachten.

Impala-Herde im Kruger National Park

01

02

03

04

Etwa 150 Säugetierspezies leben hier, das heißt: 7500 Elefanten, 1870 Breitmaul- und 20 Spitzmaulnashörner, 4600 Giraffen, 490 Elenantilopen, 30000 Büffel, 2000 Hyänen, 3000 Flusspferde, 900 Leoparden, 1600 Löwen, 13000 Gnus, knapp 100000 Impalas, 2000 verschiedene Antilopen, 3150 Kudus und 1500 Wasserböcke; hinzu kommen 114 Reptilien-, 33 Amphibien- und 49 Fischarten sowie 507 Vogelspezies. Es gibt im Kruger National Park 35 Landschafts- bzw. 16 Vegetationsformen. Darin wachsen, blühen und gedeihen 1926 Pflanzenarten, darunter 457 Baum- und Busch- sowie exakt 235 Grasarten.

Oldie unter den Nationalparks

Hinter diesen nüchternen Zahlen verbirgt sich eine faszinierende Welt. Obwohl Kritiker monieren, dass der Park angesichts des dichten, 2300 km langen Straßennetzes und einer Million Besuchern pro Jahr nicht mehr als echte Wildnis zu bezeichnen sei, zieht es das Gros der Südafrika-Reisenden zum Kruger National Park. Allzu verführerisch ist die Aussicht, den „Großen Fünf" – Elefanten, Nashörner, Büffel, Löwen und Leoparden – während einer einzigen Safari zu begegnen.

Er hat es auf der Beliebtheitsskala also weit gebracht, der Kruger National Park, der den Namen seines Begründers trägt:

01 *Wohltuende Schlammdusche*
02 *Uralter Baoab*
03 *Mit bewaffnetem Ranger auf Pirschgang*
04 *Siedlung nahe dem Paul-Kruger-Tor*

01

02

„Ohm" Paul Kruger, Präsident der Republik Transvaal von 1883 bis 1900. Im Jahr 1898 trat er sozusagen als Naturschützer wider Willen auf, in dem er das Gebiet zwischen den Flüssen Sabi und Crocodile zum Wildschutzgebiet erklärte. Weniger – wie in verklärender Manier oft beschrieben – um den Wildbestand der Region zu schützen, sondern um seiner Jagdleidenschaft auch dann noch fröhnen zu können, wenn das Wild im Umkreis aufgrund des exzessiven Jagdgebarens der weißen Society völlig dezimiert sein würde.

„Heia Safari"

Egal, durch welches der Tore man in den Kruger National Park einfährt, kaum hat man das Gate hinter sich gelassen, zupft da schon eine Giraffe in der Krone einer Akazie, bricht dort eine Herde Elefanten durch das Mopanegebüsch, huscht hier eine Hyäne ins Dickicht. So wird schon die Fahrt zum Camp zur Wildbeobachtung, und oft vergisst man, dass um 18 Uhr die Tore zu den Unterkünften schließen – schließlich ist der Park kein Zoo. Außerdem beginnt der Tag „on Safari" recht früh. Mit dem ersten Tageslicht kehrt Leben in den Park zurück. Da scheinen alle Vögel den neuen Tag besingen zu müssen, Elefanten haben es eilig, zum nächsten Wasserloch zu gelangen und ziehen, laut trompetend, eine weithin sichtbare Staubfahne hinter sich her. Auch die Wasserböcke, Antilopen und Impalas vergessen ihre Zurückhaltung, knuffen sich mit den Hörnern und drängeln am Wasser. Dazu brüllen die Löwen, und die Hyänen lassen ihr irres „Lachen" erschallen.

So wird schon die Fahrt zum Camp zur Wildbeobachtung.

Und der Mensch? Er ist hier nur Zuschauer und dabei doch so zufrieden. Noch in Decken gepackt, um gegen die Kühle des Morgens gewappnet zu sein, freut man

01 *Das Leopardenbaby versteckt sich in den Ästen*
02 *Majestät mit Jungtier*
03 *Der Video-Star ist kaum zu sehen*
04 *Gefährlicher Zeitgenosse*

01

02

03

SPECIAL Baobab-Baum

Wurzeln auf dem Kopf

Der sagenumwobene Baobab ist Afrikas Lebensbaum und Mythos zugleich. In vielen Regionen ist er ein wichtiger Wasserspender und Rohstofflieferant. Aufgrund ihres bizarren Aussehens ranken sich mehrere Legenden um die bis zu 2000 Jahre alten Baumriesen.

Vom Teufel herausgerissen

Als Gott die Erde schuf, wandelte er hierhin und dorthin, und um ihn zu ärgern, schlich der Teufel hinter ihm her. Doch Gott ließ sich nicht beirren, formte hier einen Berg, schuf dort das Bett für einen Fluss und pflanzte die Bäume, die er in seiner Hand hielt. So auch den Baobab mit dem hohlen Stamm, so dass Wasser sich darin und auch in seinen Früchten, deren Fleisch unter der holzig-pelzigen Schale Fieber senkend ist, sammeln kann.

Just in dem Moment aber war der Teufel so von der Gelassenheit Gottes genervt, dass er den eben gepflanzten Baum herausriss und ihn verkehrt herum wieder in die Erde rammte. Gott aber, ganz in sich versunken, ging weiter und bemerkte nicht, dass der Baobab jetzt seine Wurzeln oben trug.

sich, ein so gutes Fernglas dabei zu haben, gibt Acht, nur kein Geräusch mit der Kamera zu machen und sich bloß nicht ruckartig zu bewegen.

Mensch und Tier ziehen sich zurück

Bei Sonnenaufgang verzieht sich die Tierwelt in schattige Gefilde und wird erst am Spätnachmittag wieder aktiv; die Menschen zieht es zurück in ihre Lodges und Camps, wo in den Restaurants feine Frühstücksbüfetts warten und wo man „die anderen“ trifft, die, die mit Sicherheit längst nicht so viel Safariglück hatten, wie man selbst. Wie angenehm, jetzt noch ein wenig zu schlafen, um gegen drei Uhr am Nachmittag wieder fit zu sein. Wenn nämlich die Tiere sich erneut zu den Wasserlöchern aufmachen, diesmal, um sich für die Nacht zu präparieren. Und wenn es wieder heißt: „Heia Safari! Viel Glück mit den Wildtieren.“

Land der Regenkönigin

Lange war es der schwarzen Bevölkerung verboten, den Kruger National Park zu betreten, und auch die Wasserstellen innerhalb des Gebiets durften von den Anrainern nicht genutzt werden. Nach Lockerung dieser strikten Ausgrenzung hob die staatliche Parkverwaltung die Eintrittsgebühren an, sodass sich kaum ein Farbiger diese Ausgabe leisten konnte. Bis es nach Abschaffung der Apartheid auch zur Abschaffung dieser Restriktionen kam und Einheimische heute nur noch fünf Euro bezahlen müssen, um einen Tag im Park zu verbringen.

Doch die Landbevölkerung steht einem „Tag zusammen mit wilden Tieren“ noch immer skeptisch gegenüber, vor allem die Menschen des Nordens, die den uralten Riten des Animismus anhängen und den heiligen Python verehren; noch gegen Ende des 19. Jahrhunderts ertränkte man einmal im Jahr eine Schwangere im Lake Funduzi, um mit diesem Opfer den heiligen Python gnädig zu stimmen. Auch kennt man hier den Affengott und fürchtet Elefanten, die kommen, um die Ernte zu zertrampeln, Löwen, die einsame Wanderer überfallen, und Krokodile, die an den Flussufern, wo man das Wasser holt, auf Beute lauern. Diesen Feinden soll man Aug’ in Aug’ gegenüberstehen? Nein, das Leben in den fruchtbaren Regionen der Limpopo-Provinz, nördlich von Pietersburg, das jetzt Polokwane heißt, ist angenehmer ohne die Tiere. Außerdem quälen das Volk der Lobedu ganz andere Sorgen.

Zweieinhalb Jahre sind seit dem Tod der Regenkönigin vergangen, drei Jahre schon, seit ihre designierte Nachfolgerin langsam dahin siechte. Nun stehen die

01 *Durstiges Trio*
02 *Panne in der Savanne*
03 *Gleich wird das Safari-Menü serviert*
04 *Siesta …*
05 *Game-Drive-Gäste auf Entdeckertour*

„Die alten Traditionen müssen erhalten bleiben.“ King Peter III

01

02

03

04

Lobedu ohne Regentin da, ohne die Königin, die für Regen sorgt und das Leben in den Krals bestimmt. Seither durfte nicht geheiratet werden, man wagt nicht zu bestimmen, welche Kinder in die höheren Schulen nach Johannesburg geschickt werden sollen, kaum jemand begibt sich auf Reisen, da ihm der Segen der „Rain Queen" fehlt.

Die Stimmung im Stamm ist ungewöhnlich bedrückt, noch nie waren die Lobedu ohne Regentin. Manche vermuten, der königliche Marschall wolle die Regentschaft allein übernehmen. Viel Land wäre ihm dann sicher, viel Ehr' und ein Harem schöner Frauen. „Soll er es nur wagen", lässt sich Volkes Stimme vernehmen, „aber einen Regenkönig wird es nie geben!"

Traditionen der Stämme

Auch King Peter III., König der Venda und Lemba, schaut besorgt ins Reich der Regenkönigin. „Die alten Traditionen müssen erhalten werden, wir sind schließlich die Ansprechpartner für das einfache Volk." Tatsächlich respektiert die Regierung Südafrikas diese traditionellen Regenten, die Chiefs und Ältestenräte. Sie gehören bestimmten Ausschüssen an, nehmen an diversen Parlamentsdebatten teil und werden gehört, wenn bedeutende politische Änderungen das Leben in ihrer Region tangieren würden. Südafrikas Hauptstadt Pretoria ist schließlich nicht so weit entfernt, dass man dort nicht vorstellig werden könnte. An Selbstbewusstsein fehlt es den Stammesrepräsentanten jedenfalls nicht.

Hinzu kommt, dass der Norden Südafrikas ein einziger großer Garten ist, aus dem ein Großteil des Landesbedarfs an Früchten und Gemüse gedeckt wird. Nirgendwo sind die Märkte überfüllter als entlang der Straße nach Thohoyandou und zum Punda Maria Gate am Kruger National Park, nirgendwo duftet es stärker nach Ananas, Mangos, Papayas und Avocados. Und zum selbst gebrauten Bier kann man frisch frittierte Mopanewürmer probieren.

01 *Three Rondavels im Blyde River Canyon*
02 *Allee im Norden der Limpopo-Provinz*
03 *Start frei zur Ballon-Safari*
04 *Venda-Frau im traditionellen Festtagsschmuck*

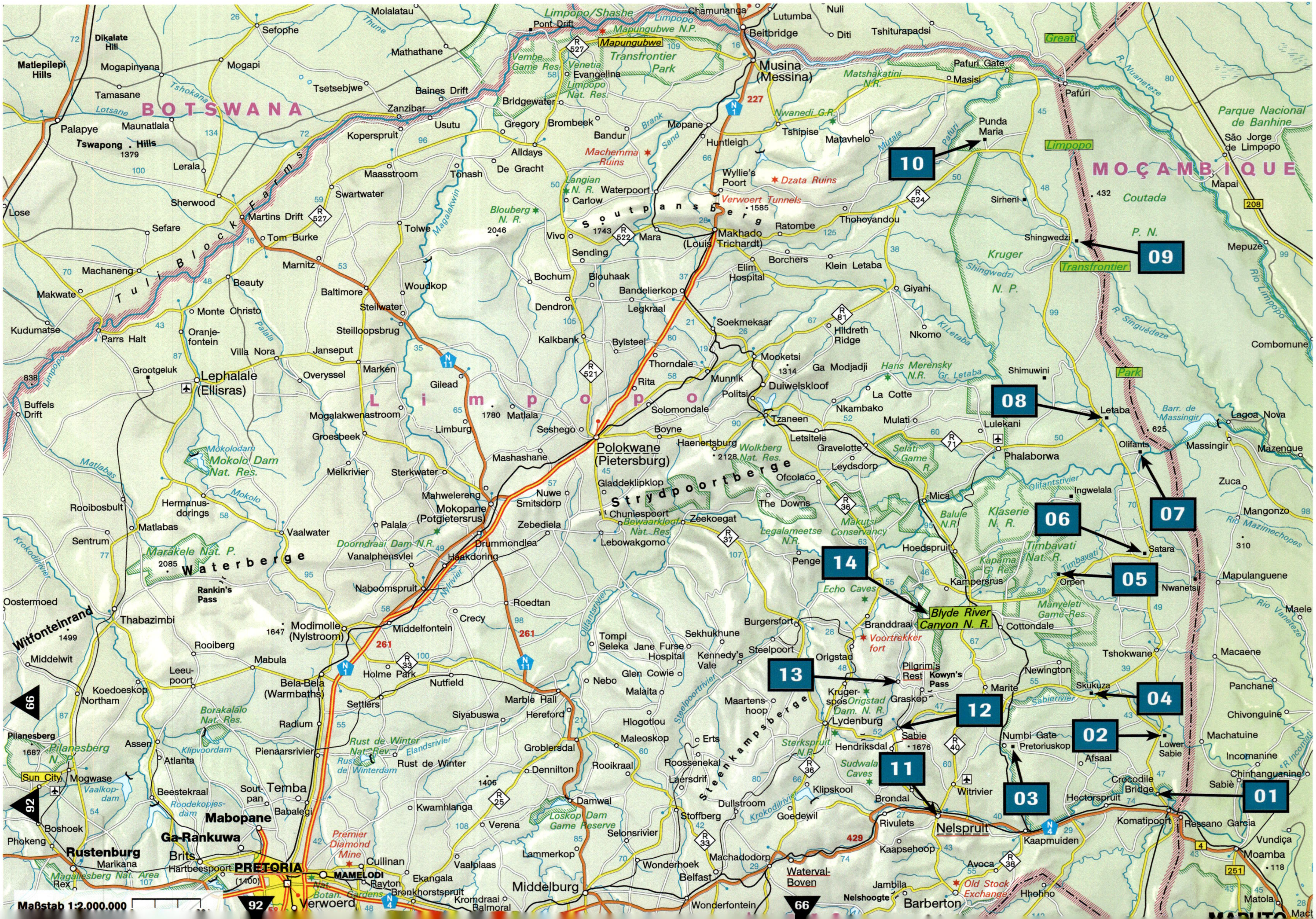

BOTSWANA
MOÇAMBIQUE
Limpopo
Limpopo/Shashe Transfrontier Park
Mapungubwe
Mapungubwe N.P.
Great Limpopo Transfrontier Park
Kruger N. P.
Parque Nacional de Banhine
Coutada
Tuli Block Farms
Soutpansberg
Waterberge
Strydpoortberge
Steenkampsberge
Musina (Messina)
Beitbridge
Polokwane (Pietersburg)
Makhado (Louis Trichardt)
Mokopane (Potgietersrus)
Lephalale (Ellisras)
Modimolle (Nylstroom)
Bela-Bela (Warmbaths)
PRETORIA
Mabopane
Ga-Rankuwa
Rustenburg
Brits
Temba
Cullinan
MAMELODI
Verwoerd
Middelburg
Nelspruit
Barberton
Lydenburg
Sabie
Graskop
Pilgrim's Rest
Hoedspruit
Phalaborwa
Tzaneen
Thohoyandou
Punda Maria
Pafuri
Shingwedzi
Letaba
Olifants
Satara
Orpen
Skukuza
Lower Sabie
Crocodile Bridge
Komatipoort
Ressano Garcia
Malelane
Numbi Gate
Pretoriuskop
Kaapmuiden
Blyde River Canyon N. R.
Echo Caves
Sudwala Caves
Voortrekker fort
Old Stock Exchange
Premier Diamond Mine
Dzata Ruins
Verwoert Tunnels
Machemma Ruins
Marakele Nat. P.
Mokolo Dam Nat. Res.
Blouberg N. R.
Timbavati Nat. R.
Klaserie N. R.
Manyeleti Game Res.
Hans Merensky N.R.
Loskop Dam Game Reserve
01
02
03
04
05
06
07
08
09
10
11
12
13
14
66
92
Maßstab 1:2.000.000

Das Reich der Tiere

Der Kruger National Park im äußersten Nordosten Südafrikas ist der größte, älteste und berühmteste Nationalpark des Landes. Hier ist das Reich der Tiere: 1600 Löwen, 900 Leoparden, 7500 Elefanten, 1900 Nashörner, 32000 Zebras, 5000 Giraffen, 30000 Büffel, 125000 Impalas sowie viele andere Säugetiere, 114 Reptilienarten und über 500 Vogelarten leben in dem Schutzgebiet. Und auch in der Umgebung gibt es einiges zu sehen wie den bis zu 700 m tiefen Blyde River Canyon.

ALLGEMEINES

Der Kruger National Park ist der größte und älteste Nationalpark Südafrikas und gilt weltweit als eines der bedeutendsten Tierschutzgebiete **TOPZIEL**. Der Park, ca. 350 km lang und bis zu 90 km breit, erstreckt sich im Nordosten des Landes auf einer Fläche von rund 20000 km². Im Norden begrenzt der Limpopo-Fluss den Park, im Süden der Crocodile River, im Osten ist die Grenze des Nationalparks mit der Staatsgrenze zwischen Südafrika und Mosambik identisch, nach Westen hin begrenzt eine künstlich errichtete Sperre das Gebiet.
Der gesamte Park ist mit dem Pkw befahrbar. Im Süden und im Zentrum sind die Straßen meist asphaltiert; im Norden, etwa von Phalaborwa bis zum Limpopo-Fluss und der Grenze zu Simbabwe, sind Straßen rar, das Gelände unwegsam, die Landschaft – Savanne, Buschland und Galeriewälder – wild und nicht einfach zu erschließen.
Man gelangt durch vier Tore – Paul Kruger, Crocodile Bridge, Malelane und Numbi Gate – in den Süden des Parks. Die beiden Haupttore im Mittelteil sind das Orpen und das Phalaborwa Gate, im Norden findet man über Punda Maria und Parfuri Gate Einlass.

MUSEUM An der Straße, die das Phalaborwa Gate mit dem Camp Letaba verbindet, befindet sich das **Masorini-Museum**, in dem einige archäologische Fundstücke der Region ausgestellt sind. Man fand hier Ruinen einer prähistorischen Siedlung sowie Reste einer Eisenschmelzanlage. Auch stieß man auf Tonscherben, Kupferarbeiten und Reste von Goldverzierungen. Eine Legende besagt, dass sich das Reich von Great Simbabwe einst bis in diese Gegend ausdehnte, nachgewiesene Spuren von Siedlern reichen allerdings „nur" bis ins 17. Jahrhundert zurück.

GESUNDHEIT Das Klima ist subtropisch, und das gesamte Gebiet liegt in einer malariagefährdeten Region. Eine Malaria-Prophylaxe bietet, wenn auch nicht hundertprozentig, Schutz. Zum zusätzlichen Schutz sollte man nach Einbruch der Dunkelheit helle, hautbedeckende Kleidung tragen und sich mit einem Mückenschutzmittel einreiben. Die Gefahr, an Malaria zu erkranken, ist im heißen Sommer weit höher als im Winter.

Gleich geht's los „on Safari" zu den „Big Five"

REISEZEIT Die beste Jahreszeit für Tierbeobachtungen ist der Winter, wenn die Tage nicht ganz so heiß sind, die Nächte angenehm abkühlen und die meisten Bäume und Büsche ohne Laub sind, sodass der Blick auf das tierische Geschehen besser ist. Doch hat auch der Sommer seine unbestreitbaren Vorzüge, wenn die Landschaften mit farbenfroher Blütenpracht und dichtem Bewuchs viel eindrucksvoller sind, die Säugetiere ihre Jungen gebären und das Leben des Wildes sich nicht nur im Umkreis bestimmter Wasserstellen abspielt.

ORGANISIERTE GAME DRIVES Nicht wenige Safaristen kommen vor Ort zu der Einsicht, dass sie aus ihrem Pkw weniger sehen, als all die anderen, die in den Jeeps der Parkverwaltung höher sitzen. Außerdem werden diese Zeitgenossen zu den prädestinierten Aufenthaltsorten der Wildtiere gefahren und erfahren von den Begleitern zudem alles Wissenswerte über Flora und Fauna der Region. Die Game Drives müssen nicht lange im Voraus gebucht werden.

VORSCHRIFTEN Das Umherfahren im Park ist nur tagsüber erlaubt. Ausnahme sind Nachtpirschfahrten und Nachtwanderungen, doch die sind ausschließlich in Begleitung erfahrener Ranger und nur organisiert zugelassen. Bei der Rückfahrt ins Camp am Abend sollte man eventuelle Verkehrsstaus durch Fahrbahn blockierende Tiere einplanen. Höchstgeschwindigkeit ist 50 km/h auf asphaltierten, 40 km/h auf anderen Straßen. Es ist verboten, außer an deutlich gekennzeichneten Stellen, das Auto zu verlassen, das Füttern der Tiere ebenso. Mehrmals im Jahr kommt es zu tödlichen Unfällen durch fahrlässige Besucher.

CAMPS

Man unterscheidet zwischen Private Camps, Rest Camps und Bushveld Camps; Letztere sind weniger komfortabel als Rest Camps. Private Camps liegen weit ab, sind nur für Gruppen zu buchen, und die Region ist Tagesbesuchern verwehrt. In allen größeren Rest Camps gibt es ein Lebensmittelgeschäft, ein Restaurant, eine Tankstelle sowie ein Informations- und Erste-Hilfe-Zentrum. Die Häuser sind klimatisiert und verfügen über Küche, Schlaf- und Wohnzimmer; im Garten findet sich meist ein Grillplatz. Oft gehören Campingplatz und Pool zum Camp.

01 CROCODILE BRIDGE Das am Crocodile-Fluss gelegene Camp besteht aus 20 Bungalows, Laden und einem Stellplatz für Wohnmobile; zu beobachten gibt es v.a. viel Großwild.

02 LOWER SABIE Das schattige Camp liegt nördlich von Crocodile Bridge am Sabie River.

03 PRETORIUSKOP 10 km vom Numbi Gate entfernt, in traumhafter Hügellandschaft. Geparden und Leoparden sind oft in der Nähe.

Tipp

Luxus in der Wildnis

Das Sabi Sabi Game Reserve am Sabi River liegt wie ein Kleinod in der Wildnis. In dem privaten Wildreservat ist die Vegetation recht dicht und der Wildbestand hoch – vom Kruger National Park her können die Tiere ungehindert ein- und auswandern. Bei der Übernachtung hat man die Wahl zwischen dem Selati Camp, der Bush Lodge und der Earth Lodge. Vor allem Letztere ist außerordentlich luxuriös.

Informationen unter Tel. 011/4833939, Fax 011/4833799, www.sabisabi.com

Tipp

Vorbereitung aufs Leben

Immer wieder hört man davon, dass gefährdete Tierarten gezüchtet, groß gezogen und ausgewildert werden. Wie dies geschieht und wie sorgfältig diese Prozesse von Wissenschaftlern überwacht werden, erlebt der Besucher im Cheetah Breeding and Research Centre südlich von Hoedspruit. Hier werden Geparde, Wildhunde und Spitzmaulnashörner gezüchtet und für ein Leben in freier Wildbahn vorbereitet.

geöffnet: Mo. – Sa. 8.00 – 16.00 Uhr, Führungen sind stündlich, Tel. 015/7931633

BERG-EN-DAL Das 60 km südöstlich von Pretoriuskop gelegene, sehr komfortable Camp wird auch als Konferenzzentrum genutzt. Durch das Campgelände führt ein kleiner Naturlehrpfad.

04 SKUKUZA Das größte Camp des Parks ist gleichzeitig auch dessen Verwaltungszentrum. Mit zwei kleinen Museen, mehreren Restaurants, einigen Läden, Bücherei, Tankstelle, Polizeistation und einem kleinen Flugplatz mutet es städtisch an. In der Umgebung leben Elefanten, Flusspferde und Giraffen.

05 ORPEN Kurz hinter dem gleichnamigen Tor gelegen, ist das Camp sehr spartanisch eingerichtet. Es gibt hier keine Elektrizität und kein Restaurant.

06 SATARA Knapp 50 km östlich des Olifants Camps. Hier sind Büffel, Elefanten, Löwen und Leoparden zu Hause.

07 OLIFANTS Das oberhalb des Olifants River gelegene Camp gilt vielen als das landschaftlich schönste des gesamten Parks. Es bietet gute Aussichtsplätze auf die Tiere am Flussufer.

BALULE Das kleine Camp liegt etwa 10 km südlich des Olifants Camps und ist recht spartanisch eingerichtet (keine Elektrizität). Tagesbesucher sind hier nicht zugelassen.

08 LETABA In dem modernen Camp am Letaba-Fluss gibt es sogar eine Autovermietung. Im Savannengebiet rund um das Camp leben Elefanten, Büffel und andere Großtiere.

MOPANI Das recht luxuröse Camp liegt knapp 50 km nördlich von Letaba. Nach einem Regenschauer wimmelt es hier von Elefanten.

TSENDZE Dieses neue Camp liegt rund 7 km südlich vom Mopani Rest Camp. Um das Camp mit seinem reichen Baumbestand streifen Büffelherden und Elefantenbullen.

09 SHINGWEDZI Das größte Camp im Norden des Parks liegt nahe der Grenze zu Mosambik. Die Straße, die Shingwedzi mit dem 75 km nördlich gelegenen Camp Punda Maria verbindet, ist gesäumt von großen Tierherden.

10 PUNDA MARIA Das kleine, einfache Hüttencamp am Fuße des Dimbo Mountain liegt in einer Landschaft aus „Sandveld" (Trockensavanne), Galeriewäldern und Mopanewäldern. Sehr wildreich.

PRIVATE GAME RESERVES

Die Private Game Reserves sind meist am westlichen und südlichen Rand des Nationalparks angesiedelt. Die Wildreservate sind kaum kultiviert, nur schmale, unbefestigte Pfade führen hindurch. Die Lodges oder Camps sind stets kleine, sehr exklusive Anlagen, Pools gehören zum Standard. Die Einrichtungen der Gästehäuser sind sehr individuell, außergewöhnlich komfortabel und oft mit Antiquitäten bestückt. Die Camps sind mit Luxuszelten ausgestattet, Bäder und Terrassen gehören aber ebenfalls dazu.
Die Gäste werden in großen, offenen Wagen zum Game Drive, zu einem Picknick oder einem Busch-Dinner gefahren, Privatautos dürfen in den Reservaten nicht verkehren.

TIMBAVATI PRIVATE NATURE RESERVE Das Timbavati-Naturreservat liegt beim Orpen Gate. Auf 75000 ha befindet man sich inmitten der schönsten Out-of-Africa-Atmosphäre. Drei Ranger sind allein für das Wohl der Gäste bei den Ausfahrten zuständig.
www.timbavati.com

TSHUKUDU GAME LODGE Die 5000 ha „kleine" Game Lodge, über die R 40 zu erreichen, verströmt ein sehr privates Flair. Nur maximal acht Gäste können in den feinen Rondavels übernachten.
www.tshukudulodge.co.za

LONDOLOZI PRIVATE GAME RESERVE Das in der Nähe des Paul Kruger Gates gelegene Londolozi Game Reserve ist der Traum eines jeden mit dem Wunsch, ein luxuriöses Domizil mitten im wilden Afrika zu beziehen.
Die drei Camps wurden schon mehrfach ausgezeichnet, Service, Betreuung und Unterkünfte sind einfach perfekt. Das Ganze ist Safari in Reinkultur – nur eben wesentlich komfortabler als anderswo.
www.londolozi.com

INYATI PRIVATE GAME RESERVE Direkt am Sabie River gelegen, bietet die Anlage einen vorzüglichen Service, individuelle Betreu-

Tanzfestival der Venda

Ngala-Camp: luxuriöses Wohnen in der Wildnis

ung der höchstens 20 Gäste und hervorragend organisierte Pirschfahrten.
www.inyati.co.za

MALAMALA GAME RESERVE Das Reservat erstreckt sich entlang des Sand Rivers. Von den Veranden der Cottages genießt man einen Blick auf das Flussufer und die zahlreichen Tiere, die hierher zur Tränke kommen.
www.malamala.tv

UMGEBUNG

11 Nelspruit (63 000 Einw.), im bezaubernden, fruchtbaren Tal des Crocodile River gelegen, ist ein bedeutendes Landwirtschaftszentrum. In der Region werden u.a. Zitrusfrüchte, Mangos, Papayas, Bananen, Nüsse und Tabak angebaut; ein Drittel des südafrikanischen Orangen-Exports stammt aus Nelspruit. Für viele ist das Farmerstädtchen zwar nur Durchgangsstation auf dem Weg von Johannesburg zum Kruger National Park – ca. 50 km weiter nordöstlich befindet sich das Numbi Gate –, doch der Lowveld National Botanic Garden am Nordrand des Ortes lohnt einen Besuch. Von dem 154 ha großen botanischen Garten ist nur ein kleiner Teil, ca. 22 ha, als Gartenlandschaft gestaltet, die übrige Fläche ist weit gehend unberührt. Hier wachsen über 500 der in dieser Region vorkommenden Pflanzenarten. Sehr schön ist ein Spaziergang entlang des Crocodile River, der durch das Areal fließt und die eindrucksvollen Nelspruit Wasserfälle bildet.
Etwa 65 km nordöstlich von Nelspruit liegt, von dichten Wäldern umgeben, das Städtchen **12 Sabie** (11 000 Einw.). Wirtschaftliche Bedeutung hat Sabie als regionales Zentrum der Holzwirtschaft und Sitz der größten Papierfabrik des Landes. Ein Waldmuseum (Cultural History Forestry Museum, geöffnet: tgl. 9.00 – 16.00 Uhr) im Ortszentrum informiert über die Holznutzung und die verschiedenen Baumarten der Region. Wegen des angenehmen Klimas und der ausgedehnten Wälder ist die Umgebung von Sabie ein beliebtes Feriengebiet mit einigen herrlichen Wasserfällen, darunter die 68 m hohen Lone Creek Falls (12 km westlich), die Bridal Veil Falls mit 70 m Höhe (0 km westlich) und die 50 m tief stürzenden Wasserfälle der Mac Mac Falls (14 km nördlich).
Eine Zeitreise ins 19. Jh. verspricht ein Abstecher nach **13 Pilgrim's Rest**, knapp 30 km nördlich von Sabie. Das in den 1870er-Jahren gegründete ehemalige Goldgräberstädtchen steht gänzlich unter Denkmalschutz. Pilgrim's Rest präsentiert sich als Freilichtmuseum mit vielen original eingerichteten Wohnhäusern, Geschäften, einer Bank, einer Druckerei und dem Royal Hotel, in dem man auch heute noch übernachten kann. Etliche Häuschen sind als Museumsgebäude zugänglich, andere können nur von außen besichtigt werden. Einen Lageplan erhält man im Informationszentrum an der Hauptstraße (geöffnet: tgl. 9.00 bis 12.45 und 13.15 – 16.30 Uhr).
Von Pilgrim's Rest aus ist es nicht mehr weit zur nordöstlich gelegenen grandiosen Felsenlandschaft des **14 Blyde River Canyon**.

INFORMATION

South African National Parks (SANP)
Tel. 012/4289111, Fax 012/4265500
www.parks-sa.co.za, www.sanparks.org

Nicht versäumen!

NATUR

Tierparadies
Viele Besucher kommen v.a. nach Südafrika, um den Kruger National Park zu erkunden. Der 19485 km² große Park bietet einen außergewöhnlich reichen Tierbestand. Für viele bedrohte Arten ist das Schutzgebiet einer der letzten Zufluchtsräume.

TOPZIEL Siehe Nr. **01**

ERLEBEN

Traumsicht
Das vielleicht schönste Camp des Kruger National Park ist das Olifants Rest Camp mit seinen 112 sehr komfortablen Cottages 100 m über dem Lauf des Olifants River. Das Camp bietet optimale Tier-Beobachtungsmöglichkeiten und herrliche Sonnenauf- und Untergänge.

Siehe Nr. **07**

NATUR

Tosende Zwillinge
Bei Sabie/Graskop bietet sich ein herrlicher Blick auf die Mic Mac Falls. 65 m tief stürzen die Zwillingswasserfälle in eine Waldschlucht. 2 km südöstlich bildet der Fluss einen kristallklaren See.

Siehe Nr. **12**

ERLEBEN

Goldrausch
In Pilgrim's Rest werden die Zeiten des Goldrauschs wieder lebendig. Rund hundert Jahre wurde hier ab 1873 Gold abgebaut. Heute steht der Ort komplett unter Denkmalschutz und ähnelt mehr einem bewohnten Freilichtmuseum mit 1500 Einwohnern.

Siehe Nr. **13**

NATUR

Bizarre Felsformationen
Auf dem Weg zum Kruger National Park muss man Station machen im Blyde Riber Canyon National Park, dem Grand Canyon Südafrikas. 32 km lang und bis zu 700 m tief ist die Schlucht. herrliche Ausblicke bieten sich von der R 532.

Siehe Nr. **14**

Gold und Diamanten

Wer in Südafrika ankommt, landet meist auf dem Flughafen von Johannesburg, von den Schwarzen „É Goli“, „Stadt des Goldes“, oder „Jo-Anna“ genannt. Die größte Stadt Südafrikas, Handelsmetropole und Bühne der wechselvollen Geschichte des Landes, gilt als Drehscheibe zur Weiterfahrt oder zum Weiterflug in die Wildreservate oder an die Küste.

Blick vom Carlton-Hotel auf Downtown Jo’burg

01

02

Johannesburg, der industrielle Mittelpunkt Südafrikas, zieht unentwegt Scharen von Arbeitslosen an – in der Mehrzahl Schwarze und Coloureds –, Menschen, die auf dem Land alles aufgegeben haben, um hier an den Erträgen der Geschäftstüchtigkeit zu partizipieren. Man ist versucht, über die unglaubliche Diskrepanz zwischen Arm und Reich hinweg zu sehen, weil ihre Ausprägung im Stadtbild unerträglich ist: Hier schwelgt Jo'burg, wie es die Weißen nennen, im Überfluss, dort spielt sich das Leben in É Goli – der „Stadt des Goldes", wie die Schwarzen Johannesburg nennen – auf der Straße oder in heruntergekommenen Wohnblocks ab. Nun ist es den dunkelhäutigen Südafrikanern ja nichts Unbekanntes, ein Schattendasein zu fristen, und nur wenige von ihnen schaffen es auf „die andere Seite". Da andererseits die Zeit des Duldens sogar offiziell vorbei ist, holt man sich das Geld und Eigentum von denen, die es haben – von den Touristen. Schließlich hat in der Diktion der Armen jeder, der Geld genug hatte, hierher zu fliegen, auch genügend Mittel, seine Ausrüstung zu ersetzen.

Unglaubliche Diskrepanz zwischen Arm und Reich

Goldrausch am Witwatersrand

Johannesburg ist einen weiten Weg von seiner Gründung 1886 bis ins 21. Jahrhundert gegangen, doch das raue Klima im Miteinander, die unwirsche Art des hiesigen Lebensstils, das alles ist so alt wie die Stadt. Schon damals, als der australische Geologe und Minenfachmann George Harrison im Gebiet des Witwatersrand die größten Goldvorkommen der Welt entdeckte, war keine Zeit für Rücksichtnahmen. In Windeseile hatte sich diese Nachricht um den Erdball verbreitet, sodass sich bereits zwei Jahre später hier 40000 Digger (Goldgräber) und 60000 schwarze

01 *Jo'burg: Mutter und Tochter im Zwillingslook*
02 *Nelson Mandelas ehem. Wohnung in Soweto*
03 *Spiegelbild der Jumu'ah-Moschee*
04 *In den Townships leben überwiegend Schwarze*

01

02

03

04

Saisonarbeiter aufhielten und ein Konglomerat von abertausend Hütten bewohnten. Bars, Bordelle und Spielhallen schossen aus dem Boden. Es wurde sogar ein Sport- und Vergnügungszentrum errichtet. Eine Kanalisation gab es allerdings erst 1905. Die Sozialstruktur am „Platz des Goldes" war schon damals kaum anders als heute: Da lebten Magnaten wie Cecil Rhodes, die Familien Wernher und Barney Bernato in unvorstellbarem Reichtum in den höher gelegenen Vorstädten, während die Schwarzen aus der Stadt gedrängt wurden. So entstand 1934 weit vor den Toren Johannesburgs das erste Township: Sowcto (South Western Township).

Voortrekkermentalität

Welten liegen zwischen der biederen Hauptstadt des Landes – im halbjährlichen Wechsel mit Kapstadt –, und dem nur eine halbe Autostunde entfernten Johannesburg. Pretoria, mit den umliegenden Orten zum Verwaltungsraum Tshwane zusammengefasst, ist nicht so aggressiv und laut, es ist keine Arbeiterstadt und keine boomende Metropole, sondern eine schmucke Beamtensiedlung – der bevorzugte Rückzugsort des stadtmüden Großbürgertums, in dem die Voortrekkermentalität der alten Buren bis in die letzten Jahre der Apartheidszeit fruchtbaren Nährboden fand. Noch immer ist es Nichtweißen, so sie nicht Mitglied der Regierung oder sehr reich sind, kaum möglich, repräsentative Wohnungen und Häuser innerhalb des Stadtgebietes zu erwerben, dafür sorgen allein schon die hohen Immobilienpreise.

Die Beste im Lande

Pretoria, benannt nach dem Burentreckführer Andries Pretorius, war Hauptstadt der burischen Republik Transvaal. Präsident „Ohm" Paul Kruger hatte hier seine Residenz, und unter seiner Ägide wurde die Stadt gefördert, während man das nahe Johannesburg recht stiefmütterlich behandelte. Den Dünkel, „die Beste im Lande" zu sein, pflegte man lange Zeit und

01 *Voortrekker Monument von 1949*
02 *Pretoria: Union Building*
03 *Paul-Kruger-Denkmal auf dem Church Square*
04 *Church Square: Pretorias quirrliges Zentrum*

01

„Geld ist nicht alles. Es gibt ja auch noch Gold und Diamanten.“ Anonymus

03

04

SPECIAL Reisen wie die Großwildjäger und Abenteurer

Im Nostalgiezug durch das südliche Afrika

Da steht er, im Bahnhof von Tshwane-Pretoria, schön wie die Träume aller Eisenbahnliebhaber. Matt glänzen die Messingverzierungen auf der Dampflokomotive, golden schimmert das Wappen „RoVos Rail“.

Rollende Zeitmaschinen

Rohan Vos hatte davon geträumt, einmal einen Zug zu besitzen, einen, in dem die Großwildjäger und Abenteurer von damals den Kontinent durchquert hatten. Er fand Wagons und Lokomotiven als Hühnerställe, auf Schrottplätzen oder auf Marktplätzen. Er kaufte all die alten Schätze, begann, sie akribisch zu restaurieren und Zug um Zug zusammenzustellen. In diesen ganz das Flair der „Golden roaring Twenties“ atmenden Zeitmaschinen fährt man durch Südafrika, nach Namibia sowie über Simbabwe und Sambia nach Tansania. Neuerdings gehören zur Kollektion auch zwei Oldtimer-Flugzeuge – klassisch „mit der Zeit reisen“ heißt offenbar RoVos Rail (Tel. 012/3236052, www.rovos.co.za).

Lokführer der RoVos Rail

RoVos-Speisewagen im Stil der Zwanzigerjahre

schmückte sich mit der Einrichtung zahlreicher Galerien, Museen, Parks, Universitäten, mit gigantischen Monumenten, einem Staatstheater und schicken Restaurants. Pretoria ist eine reiche Stadt, ihre Straßen haben die Breite von Avenuen, ihre „Bürgerviertel“ liegen hinter Bougainvilleen-Hecken versteckt, im Schatten alter Jacarandabäume.

Alte Zeiten in Manguang

Manguang? Hat man den Namen jemals gehört? Wohl schwerlich, denn er bezeichnet erst neuerdings Bloemfontein, als „Gerichtshauptstadt“ die dritte Hauptstadt Südafrikas. Die Geschichte der 1840 gegründeten Stadt war geprägt von Kämpfen, zunächst mit den hier siedelnden Se-Sotho, dann mit den Armeen der britischen Kapregion. Grausam waren deren Methoden: Sie sperrten Frauen und Kinder der Buren, rund 20000 Menschen, nahe der heutigen Stadt in ein Lager und ließen sie verdursten. Grausam auch die Kämpfe mit den Engländern und den schwarzen Siedlern um das Recht, sich hier eine neue Heimat zu schaffen – umso radikaler wird an den errungenen Privilegien festgehalten. Es scheint, dass die weiße Bevölkerung die Abschaffung der Apartheid zwar vernommen hat, aber nur so vage, dass keine Konsequenzen folgen müssen.

01 *Kimberley zu Zeiten des Diamantenrausches*
02 *800 m tief ist das „Big Hole“ in Kimberley*
03 *Sun City: Beachfeeling im Pool*
04 *Händlerinnen auf dem Weg zum Markt*

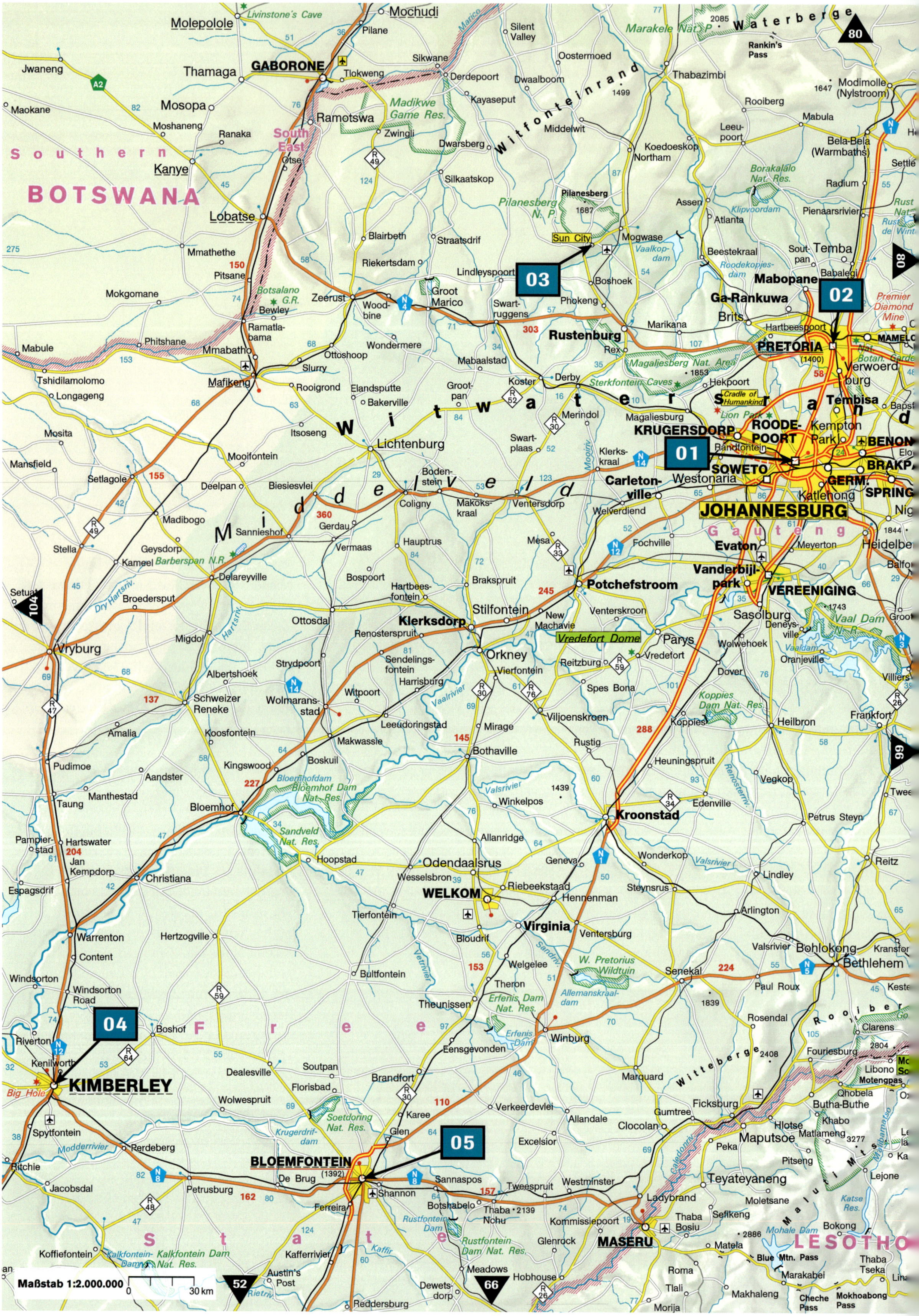

80
Waterberge
Marakele Nat. P.
Rankin's Pass
Mochudi
Molepolole
Livingstone's Cave
Pilane
Silent Valley
Oostermoed
GABORONE
Tlokweng
Sikwane
Derdepoort
Dwaalboom
Thabazimbi
Modimolle (Nylstroom)
Jwaneng
Thamaga
Kayaseput
Witfonteinrand
Rooiberg
Maokane
Mosopa
Ramotswa
Madikwe Game Res.
Middelwit
Mabula
Moshaneng
Ranaka
South East
Zwingli
Leeupoort
Bela-Bela (Warmbaths)
Southern
Otse
Dwarsberg
Koedoeskop
Northam
Settle
Kanye
BOTSWANA
Silkaatskop
Borakalalo Nat. Res.
Radium
Pilanesberg
Pilanesberg N. P.
Assen
Lobatse
Atlanta
Pienaarsrivier
Klipvoordam
Sun City
Mogwase
Blairbeth
Straatsdrif
Vaalkop-dam
Beestekraal
Soutpan
Temba
Mmathethe
Riekertsdam
03
Lindleyspoort
Boshoek
Rodekopjes-dam
Mabopane
Babalegi
Pitsane
Botsalano G.R.
Zeerust
Groot Marico
Phokeng
Ga-Rankuwa
02
Premier Diamond Mine
Mokgomane
Bewley
Woodbine
Swartruggens
Brits
Marikana
Hartbeespoort
Ramatlabama
Rustenburg
MAMELODI
Mabule
Phitshane
Mmabatho
Wondermere
Rex
PRETORIA
Ottoshoop
Magaliesberg Nat. Area
Verwoerdburg
Tshidilamolomo
Mafikeng
Slurry
Mabaalstad
Koster
Derby
Sterkfontein Caves
Hekpoort
Longageng
Rooigrond
Elandsputte
Bakerville
Grootpan
Cradle of Humankind
Tembisa
Lion Park
Witwatersrand
Magaliesberg
Merindol
Mosita
Itsoseng
Lichtenburg
Swartplaas
KRUGERSDORP
ROODEPOORT
Kempton Park
BENONI
Randfontein
01
Mansfield
Mooifontein
Klerkskraal
SOWETO
BRAKPAN
Setlagole
Bodenstein
Westonaria
GERMISTON
Deelpan
Biesiesvlei
Middelveld
Coligny
Makokskraal
Ventersdorp
Carletonville
Katlehong
SPRINGS
Madibogo
Welverdiend
JOHANNESBURG
Sannieshof
Gerdau
Gauteng
Meyerton
Heidelberg
Stella
Geysdorp
Hauptrus
Mesa
Evaton
Kameel
Barberspan N.R.
Vermaas
Fochville
Vanderbijlpark
Balfour
Delareyville
Bospoort
Hartbeesfontein
Brakspruit
Potchefstroom
VEREENIGING
Setuat
104
Broedersput
Dry Hartsriv.
Stilfontein
New Machavie
Venterskroon
Sasolburg
Groot
Ottosdal
Klerksdorp
Vredefort Dome
Parys
Deneysville
Vaal Dam
Migdol
Renosterspruit
Wolwehoek
Vryburg
Sendelingsfontein
Orkney
Reitzburg
Vredefort
Vaaldam N.R.
Oranjeville
Strydpoort
Albertshoek
Harrisburg
Vierfontein
Dover
Villiers
Schweizer Reneke
Wolmaransstad
Witpoort
Vaalrivier
Spes Bona
Koppies Dam Nat. Res.
Frankfort
Leeudoringstad
Viljoenskroon
Koppies
Heilbron
Amalia
Koosfontein
Mirage
Rustig
69
Makwassie
Bothaville
Heuningspruit
Pudimoe
Kingswood
Boskuil
Aandster
Bloemhofdam
Bloemhof Dam Nat. Res.
Renosterriv.
Vegkop
Manthestad
Valsrivier
Winkelpos
Taung
Bloemhof
Kroonstad
Edenville
Petrus Steyn
Sandveld Nat. Res.
Allanridge
Pampierstad
Hartswater
Jan Kempdorp
Hoopstad
Odendaalsrus
Geneva
Wonderkop
Reitz
Christiana
Wesselsbron
Steynsrus
Lindley
Espagsdrif
Riebeekstaad
WELKOM
Hennenman
Arlington
Tierfontein
Warrenton
Hertzogville
Virginia
Ventersburg
Content
Bloudrif
Valsrivier
Bohlokong
Kransfontein
Bethlehem
W. Pretorius Wildtuin
Windsorton
Bultfontein
Welgelee
Senekal
Paul Roux
Windsorton Road
Vetrivier
Theron
Allemanskraaldam
Erfenis Dam Nat. Res.
Rooiberge
04
Boshof
Free
Theunissen
Erfenis Dam
Rosendal
Clarens
Riverton
Eensgevonden
Winburg
Fouriesburg
Kenilworth
Witteberge
Libono
Motengpas
Big Hole
KIMBERLEY
Dealesville
Soutpan
Marquard
Qhobela
Floribad
Brandfort
Wolwespruit
Ficksburg
Butha-Buthe
Soetdoring Nat. Res.
Karee
Verkeerdevlei
Gumtree
Clocolan
Hlotse
Khabo
Spytfontein
Krugerdrifdam
Glen
Allandale
Matlameng
Modderrivier
Perdeberg
05
Excelsior
Peka
Maputsoe
Maloti Mts.
Ritchie
Caledon
BLOEMFONTEIN
Pitseng
Jacobsdal
De Brug
Sannaspos
Westminster
Teyateyaneng
Lejone
Petrusburg
Shannon
Tweespruit
Ladybrand
Moletsane
Katse Res.
Ferreira
Botshabelo
Thaba Nchu
Thaba Bosiu
Sefikeng
Rustfontein Dam
Kommissiepoort
Mohale Dam
Bokong
Koffiefontein
Kalkfontein Dam
Kalkfontein Dam Nat. Res.
Kafferrivier
Kaffir
Rustfontein Dam Nat. Res.
Glenrock
MASERU
Matela
LESOTHO
Blue Mtn. Pass
Thaba Tseka
Austin's Post
Meadows
Hobhouse
Roma
Marakabei
Maßstab 1:2.000.000
0
30 km
52
Riet
Dewetsdorp
66
Tlali
Makhaleng
Reddersburg
Morija
Cheche Pass
Mokhoabong Pass

Städte der großen Gegensätze

Welten liegen zwischen den beiden südafrikanischen Metropolen Johannesburg und Pretoria. Das „weiße" Johannisburg fühlt sich fast so an wie London oder New York. Umgeben aber ist die Metropole von riesigen ärmlichen Townships wie Soweto, in denen die Armen leben – die man dennoch besucht haben sollte. Pretoria dagegen ist eher eine schmucke Beamtensiedlung. Und wieder ganz anders ist Sun City, ein künstliches Paradies für Vergnügungssüchtige à la Las Vegas.

01 JOHANNESBURG

Johannesburg oder „É Goli", „Stadt des Goldes", wie es die schwarzen Bewohner nennen, liegt auf einem Hochplateau, dem Highveld, im Zentrum des Landes am Rande des Höhenzuges Witwatersrand. Hier entdeckte 1886 der Australier George Harrison ergiebige Goldminen. Aus den ersten Goldsucher-Camps entwickelte sich die Stadt in rasantem Tempo; um die Jahrhundertwende hatte Johannesburg bereits 150000 Einwohner. Obwohl heute viele der Goldminen erschöpft sind und stillgelegt wurden, ist die nach Kairo und Alexandria mit 2,1 Mio. Einwohnern drittgrößte Stadt des Kontinents das Finanz- und Industriezentrum Südafrikas geblieben. Allerdings ist Johannesburgs Innenstadt nahezu verwaist, die überbordende Kriminalität und ihre nur schleppende Bekämpfung drängt das Geschäftsleben immer mehr in die Vororte.

SEHENSWERT Vom 50. Stockwerk des **Carlton-Hotels** in der Commissioner Street hat man einen großartigen Blick über die Stadt. Doch ist es nie gewiss, ob die Sicherheitslage einen Besuch des leer stehenden Hochhauses während eines – unbedingt geführten! – Stadtrundganges erlaubt. Im **Market Theatre Complex**, untergebracht in den ehemaligen Markthallen zwischen Wollhuter, Bree und Jeppe Street, verströmen Theaterbühnen, Galerien, Pubs und Restaurants die Atmosphäre von Kleinkunst, Jazz und Musical.

MUSEEN Die **Johannesburg Art Gallery** (Klein Street; geöffnet: Di. – So. 10.00 – 17.00 Uhr) zeigt europäische und südafrikanische Kunst des 19. Jhs. Ein Besuch in den Muti Shops und dem **KwaZulu Muti Shop** in der Diagonal Street ist obligatorisch, erhält man doch dort einen Einblick in die traditionellen Heilmethoden der afrikanischen Naturmediziner. Im **MuseuM Africa** (geöffnet: Di. – So. 9.00 – 17.00 Uhr) in der Bree Street fährt der Besucher in Minenschächte ein, durchwandert ein Armenviertel oder durchläuft die Stationen menschlicher Entwicklungsgeschichte im Süden Afrikas. Das **Adler Museum of the History of Medicine** (geöffnet: Mo. – Fr. 9.30 – 16.00 Uhr) auf dem Hospital Hill in Hillbrow stellt eine umfangreiche Sammlung zur Entwicklung der Medizin aus. Fossilien und präparierten Tieren begegnet man im **Bernard Price Institute's Museum of Palaeontology** (geöffnet: Mo. – Fr. 9.00 – 16.00 Uhr) auf dem Campus der Witwatersrand University. Das **Bleloch Museum** (geöffnet: Mo. – Fr. 8.00 bis 16.30), im Ostteil des Campus, birgt die umfangreichste Mineraliensammlung des Kontinents.

Tipp

Alte Kostbarkeiten

In Zeiten, in denen europäische Antiquitätenmärkte das Flair vermissen lassen – von den Schnäppchen ganz zu schweigen –, sind die südafrikanischen Märkte gleichen Genres noch wahre Fundgruben. Bestes Beispiel ist der Antiquitätenmarkt in Johannesburg-Parktown. Er findet an jedem letzten Sonntag im Monat zwischen 10.00 und 18.00 Uhr statt.

PARKS Zwei botanische Gärten – der **Botanical Garden** und das **Melville Koppies Nature Reserve** –, der **Herman Eckstein Park** mit dem **Zoologischen Garten** (geöffnet: tgl. 8.30 bis 17.30 Uhr) an der Jan Smuts Avenue und die **Melrose Bird Sanctuary** (geöffnet: von Sonnenaufgang bis Sonnenuntergang) am Nordrand Johannesburgs bieten Zerstreuung.

SOWETO Soweto (Kurzform für „South Western Township") liegt ca. 20 km südwestlich von Johannesburg. Auf etwa 100 km² leben hier 2 bis 3 Mio. Menschen. Soweto umfasst mehr als 20 Townships und ist damit die größte – und seit dem blutig niedergeschlagenen Schüleraufstand von 1976 weltweit bekannteste – für Schwarze errichtete Wohnstadt rund um Johannesburg. Gewalt und soziale Missstände prägten hier lange Jahre den Alltag.
Seit Abschaffung der Apartheid wird durch den Ausbau der Infrastruktur versucht, die Lebensbedingungen der Township-Bewohner zu verbessern. Doch nach wie vor herrscht in Soweto eine überdurchschnittlich hohe Arbeitslosigkeit und Kriminalität. Um auch diese andere Seite Südafrikas kennen zu lernen, besteht im Rahmen geführter Touren die Möglichkeit zu einem Besuch Sowetos (z.B. mit Jimmy's Face to Face Tours, Tel. 011/3316109).

UMGEBUNG In der **Gold Reef City** (geöffnet: Di. – So. 9.30 – 17.00 Uhr), 6 km südlich vom Stadtzentrum, wird der Goldrausch wieder lebendig. Wer nicht schnell genug in einen Nationalpark kommt, kann auf der **Heia Safari Ranch** (Tel. 011/6590605), ca. 35 km westlich der Stadt in Richtung Krugersdorp, schon mal an der Tierwelt Afrikas „schnuppern". Das lässt sich vortrefflich auch im 23 km nördlich von Johannesburg gelegenen **Lion Park** (geöffnet: tgl. 8.00 – 16.30 Uhr, Tel. 012/4601814) tun; vom Auto aus sieht man garantiert eine der großen Katzen.
Auch den **Transvaal Snake Park** in Halfway House zwischen Johannesburg und Pretoria sollte man nicht unbeachtet lassen, denn hier kann man das Verhalten der Reptilien in Ruhe beobachten (geöffnet: tgl. 10.00 – 17.00; Führungen: Mo. – Fr. 11.00 u. 15.00, Sa. 11.00, 14.00 u. 15.00, So. jede volle Stunde von 11.00 – 17.00 Uhr). Ein Ausflug zu den **Sterkfontein Caves** (geöffnet: Di. – So. 9.00 – 16.00 Uhr, Tel. 011/9566342), 8 km nordwestlich, ist wie eine Reise in die Prähistorie. In

Das Luxushotel und Spielkasino Caesar's in Johannesburg

dem Höhlensystem, das den einzigen Höhlensee Südafrikas umschließt und mittlerweile Teil des Weltkulturerbes ist, findet man immer wieder Überreste von frühgeschichtlichem Leben.

INFORMATION
Johannesburg Tourism Company
195 Jan Smuts Ave., Parktown North
Tel. 011/2140700, Fax 011/2140715
www.joburg.org.za, www.joburgtourism.com

02 PRETORIA

Pretoria, der Großraum heißt heute Tshwane (2,2 Mio. Einw.), ist die Verwaltungshauptstadt Südafrikas und zugleich – im halbjährlichen Wechsel mit Kapstadt – Regierungssitz. Rund 50 km nördlich von Johannesburg, liegt die flächenmäßig größte Stadt des Landes im fruchtbaren Tal des Apies am Fuß der Magalisberg-Kette. 1855 gegründet, ist Pretoria heute eines der bedeutendsten Bildungs- und Kulturzentren des Landes.

SEHENSWERT Den eindrucksvollsten Blick auf die Stadt genießt man von den **Union Buildings** auf dem Meintjies Kop. In diesen Regierungsgebäuden, 1913 fertig gestellt und architektonische Meisterwerke des damaligen Star-Architekten Sir Herbert Baker, wurde Nelson Mandela am 10. Mai 1994 zum Präsidenten Südafrikas ernannt.
Am **Church Square** mit dem Old Raadsaal, dem ehemaligen Regierungssitz, im frühitalienischen Renaissancestil erbaut, dem Café Rich in klassischem Art déco, dem Justizpalast und den Provincial Administration Buildings spiegelt sich die wohlhabende Gediegenheit der Stadt wider. Nördlich der Church Street erhebt sich der 1905 erbaute **Miriammen Temple**, der älteste Hindu-Tempel der Stadt. Das mit sechs Bühnen ausgestattete **State Theatre** in der Church Street ist bekannt für seine klassischen Aufführungen. Im **Melrose House** (Jacob Maré Street, geöffnet: Di. – So. 10.00 – 17.00 Uhr), einem sehr schönen viktorianischen Gebäude, wurde 1902 der Friedensvertrag nach dem burisch-englischen Krieg unterzeichnet. Heute finden hier Kunstausstellungen und Konzerte statt.

MUSEEN Nahezu alle Museen widmen sich der burischen und englischen Geschichte der Region. Das **Kruger House Museum** (60 Church Street, geöffnet: Mo. – Fr. 8.30 – 17.30, Sa./So. 8.30 – 17.00 Uhr) stellt persönliche Gegenstände des ehemaligen Präsidenten von Transvaal aus. Im **Pierneff Museum** (218 Vermeulen Street, geöffnet: Mo. – Fr. 8.00 – 16.00 Uhr) sind Bilder des Malers und Bildhauers Jacob Hendrik Pierneff zu sehen. Einen Querschnitt durch die südafrikanische (weiße!) Kunst bietet das **Pretoria Art Museum** (Ecke Schoeman Street/Vessel Street, geöffnet: Di. – So. 10.00 bis 17.00 Uhr). Im **Transvaal Museum of Natural History** in der Paul Kruger Street (geöffnet: Mo. bis So. 8.00 – 16.00 Uhr) begegnet man „Mrs. Ples", einem 1947 entdeckten Australopithecus-Skelett.

Spaß am Strand von Sun City vor dem Märchenpalast „The Lost City"

PARKS Pretoria ist die „Stadt der Blumen", die zahlreichen Parks und Naturreservate (geöffnet: tgl. 8.00 – 17.00 Uhr) beweisen es: z.B. die 77 ha großen **Pretoria National Botanical Gardens** an der Cussonia Avenue mit über 5000 Pflanzenarten; der **Burgers Park** an der Jacob Maré Street; der prachtvolle Magnolia Dell an der Queen Wilhemina Avenue; das südöstlich des Magnolia Dells an der Boshoff Street gelegene **Austin Roberts Bird Sanctuary** oder der 60 ha große **Zoologische Garten** an der Boom Street.

UMGEBUNG Ca. 6 km südlich des Stadtzentrums erhebt sich das **Voortrekker Monument**, ein 40 m hoher Granitbau, das 1949 zum Gedenken an die im 19. Jh. hier siedelnden Buren errichtet wurde. 130 km östlich von Pretoria liegt an der N 4 Middelburg. Nordwestlich der Stadt befindet sich das Freilichtmuseum **Botshabelo**, das aus der 1865 errichteten Botshabelo Mission Station, einigen weiteren Missionsgebäuden sowie aus einem rekonstruierten Dorf des Ndebele-Volkes besteht.

INFORMATION
Tshwane Tourism Information Centre
Old Nederlandsche Bank Building, Church Square
Tel. 012/3581430, Fax 012/3581485
www.pretoria.co.za, www.tshwane.gov.za

03 SUN CITY

Rund 160 km nordwestlich von Pretoria, am Fuße des 1687 m hohen Pilanesbergs, wurde Ende der 1980er-Jahre ein riesiger Vergnügungskomplex aus dem Boden gestampft. Das „Las Vegas Südafrikas" besteht aus vier prachtvollen Hotelanlagen, von denen der 1992 erbaute „Märchenpalast" namens „The Lost City" die exklusivste ist **TOPZIEL**. Zur Unterhaltung der täglich 25000 Besucher gibt es u.a. das größte Spielkasino der Welt, Kinos, Diskos, Wassergärten, Wassersportmöglichkeiten auf Seen mit künstlichen Wellen sowie einen Golfplatz.

UMGEBUNG Will man der künstlichen Welt entfliehen, bietet sich eine Safari-Tour durch den

58 000 ha großen **Pilanesberg National Park** nördlich von Sun City an (geöffnet: März, Apr., Sept., Okt. 6.00 – 18.30, Mai – Aug. 6.30 – 18.00, Nov. – Feb. 5.30 – 19.00 Uhr).

INFORMATION

Sun City Resort
Sonnenstraße 9, 80331 München
Tel. 089/236621848, Fax 089/23662199
in Südafrika: Tel. 011/7807878
www.suninternational.de

04 KIMBERLEY

Kimberley (150 000 Einw.), die „Welthauptstadt der Diamanten", liegt 470 km südwestlich von Johannesburg. Als hier 1869 Diamanten gefunden wurden, setzte ein Diamantenrausch ungeahnten Ausmaßes ein. Bis zum Jahr 1900 hatte sich die Diamantengräber-Siedlung in eine blühende Stadt verwandelt. Heute sind hier nur noch wenige Diamantenminen in Betrieb, wichtigster Wirtschaftsfaktor ist die Viehzucht.

SEHENSWERT Es gibt zwei Attraktionen in der Diamanten-Stadt Kimberley: das **„Big Hole"** und der Nobelvorort **Belgravia**, wo sich zu Zeiten des Diamantenfiebers die reich gewordenen Magnaten niederließen. Das **Rudd House** und das **Dunluce House** sind Zeugen der vergangenen Pracht. Doch der Weg führt zunächst zur im Stadtzentrum gelegenen Diamantenmine **„Big Hole"** mit dem **Freiluft-Minen-Museum**. Aus dem zweitgrößten, je von Menschenhand geschaffenen Loch der Welt mit einem Durchmesser von 470 m und einer Tiefe von 800 m wurden bis zu seiner Schließung 1914 rund 14,5 Mio. Karat Diamanten geborgen.

MUSEEN Einen Eindruck davon, wie es zur Zeit des Diamantenfiebers in Kimberley ausgesehen hat, erhält man im **Freiluft-Minen-Museum** (geöffnet: tgl. 8.00 – 17.00 Uhr) beim „Big Hole". Wie es in den Minen zuging, dokumentieren die Fotografien in der **Duggan Cronin Gallery** (Egerton Road, geöffnet: Mo. – Sa. 9.00 bis 17.00, So. 10.00 – 17.00 Uhr). Im **McGregor Museum** (Atlas Street, geöffnet: Mo. – Sa. 9.00 bis 17.00, So. 14.00 – 17.00 Uhr) kann man sich von der alten Stadt-Herrlichkeit überzeugen. Die **William Humphreys Art Gallery** (geöffnet: Mo. bis Sa. 10.00 – 17.00, So. 14.00 – 17.00 Uhr) am Jan Smuts Boulevard stellt alte europäische Meister aus.

Südafrikas erste Tram fährt durch Kimberley

INFORMATION

Diamantveld Visitors Centre
121 Bultfontein Road, Tel. 053/8327298
www.bdb.co.za/kimberley

05 BLOEMFONTEIN

Bloemfontein (Großraum: 500 000 Einw.), umbenannt in Manguang, liegt etwa 400 km südwestlich von Johannesburg. Die Stadt gilt als „Hochburg des Burentums".

SEHENSWERT: Das **Hertzog House** (Ecke Aliwal Street/Brand Street; geöffnet: Di. – Fr. 9.00 bis 16.00 Uhr) war von 1895 bis 1924 das Wohnhaus des Burengenerals und späteren Staatspräsidenten James Barry Hertzog. Der **First Raadsaal** in der St. George's Street (geöffnet: Mo. – Fr. 10.15 – 15.00, Sa. u. So. 14.00 – 17.00 Uhr) ist das älteste Gebäude der Stadt. Der viktorianische Häuserkomplex der **Old Presidency** (geöffnet: Di. – So. 10.00 – 12.00, 13.00 – 17.00 Uhr) in der Brand Street stammt von 1885. In der **Twin-Spired Church** (Charles Street) liegen die Nationalhelden des alten Südafrika begraben.

MUSEEN Im Old Fort an der Church Street befindet sich das **Military Museum** (geöffnet: Mo. – Fr. 10.00 – 12.00, 13.00 – 16.00 Uhr). An kriegerische Zeiten erinnern auch die Exponate des **War Museum** (geöffnet: Mo. – Fr. 9.00 bis 16.30, Sa. 10.00 – 17.00, So. 14.00 – 17.00 Uhr) südlich der Church Street. Im **National Museum** (Aliwal Street, geöffnet: Mo. – Fr. 8.00 – 17.00, Sa. 10.00 – 17.00, So. 12.00 – 17.30 Uhr) widmet man sich einer Fossiliensammlung.

UMGEBUNG 200 km östlich von Bloemfontain findet man im **Golden Gate Highlands National Park** eines der landschaftlich reizvollsten Naturreservate des Landes.

INFORMATION

Bloemfontein Tourist Information
60 Park Road, Tel. 051/4058490
www.bloemfontein.co.za

Nicht versäumen!

ERLEBEN

Das „andere" Südafrika
Soweto ist mit 2 bis 3 Mio. Einwohnern die größte Township Südafrikas. Es ist ein endlos scheinendes Meer von kleinen Schachtelhäuschen. Auf einer geführten Tour kann man einen Einblick in die Welt der armen schwarzen Südafrikaner bekommen.

Siehe Nr. 01

KULTUR

Afrikanische Menschheitsgeschichte
Um die Menschheitsgeschichte im südlichen Afrika von der Frühzeit bis ins Informationszeitalter geht es im MuseuM-Afrika. San-Felsbilder stehen neben Zeugnissen moderner Zivilisation wie Shebeens, den Bierkneipen der Schwarzen.

Siehe Nr. 01

KULTUR

Buren-Monument
Vor den Toren Pretorias erhebt sich das Voortrekker Monument, einst als staatliches Symbol weißer Vormacht über die Schwarzen gedacht. Über 160 Stufen gelangt man zur Kuppel, von der sich ein herrlicher Panoramablick eröffnet.

Siehe Nr. 02

ERLEBEN

Schöner Schein
Sun City ist eine luxuriöse Spielerstadt aus Kunststoff, Glas und Marmor. Jahr für Jahr kommen Zigtausende Touristen und Spieler in diese unwirkliche Oase mit künstlichen Wellen, Wassergärten, Luxushotels, Kinos und Diskos.

TOPZIEL Siehe Nr. 03

ERLEBEN

„Big Hole"
Bis in 800 m Tiefe haben sich die Diamantensucher in Kimberley vorgegraben und so das „Big Hole" geschaffen. Von einer Aussichtsplattform kann man in das Riesenloch blicken, in dem einst tausende von Männern schufteten.

Siehe Nr. 04

Südafrikas „Wilder Westen“

Viel Abwechslung bietet sich dem Auge nicht bei der Fahrt von Kapstadt nordwärts in Richtung Namibia. Trostlos ist die Szenerie, wenn Nebel das Land überzieht. Er bildet sich allabendlich auf der Oberfläche des kalten Ozeans, die warmen Sonnenstrahlen am nächsten Morgen vertreiben ihn wieder.

Im Frühjahr verwandelt sich die Wüstenlandschaft im Westen Südafrikas in ein Blütenmeer.

01

„In der Wüste findest du nichts außer dich selbst.“ Anke Maggauer-Kirsche

02

03

Der „Wilde Westen“ Südafrikas, das Northern Cape und der Norden des Western Cape, steht bis heute in dem Ruf, nur für unerschrockene Liebhaber karger und rauer Landschaften, sturmumtoster Klippen und Wüsten von Interesse zu sein. Von Städten keine Spur, es dominiert Wildnis, dieses machtvolle, unberührte Afrika in endlosen Salzebenen und Halbwüsten. Hier bewegt man sich nur auf wenigen Straßen und Pisten fort, immer geradeaus bis zum Horizont.

Sensationelle Wildblumenblüte

Nur einmal im Jahr blüht das Land auf, wenn im August das Namakwaland nach den ersten Regen von einem einzigen Blumenteppich bedeckt ist. Dann gleicht das Gebiet zwischen Bitterfontein und Steinkopf einem Blumenmeer, geschaffen aus Abermillionen bunter Daisies. Alle Tourveranstalter haben das „Wunder der Wüste“ in ihrem Programm. Die Pensionen entlang der Küste sind dann ebenso ausgebucht wie die Campingplätze überfüllt.
Wenngleich sich der Enthusiasmus der zahlreichen Besucher meist auf das „Blumenwunder“ konzentriert, sollte man aber auch einige Blicke auf andere Attribute der Region werfen. Auf den Wein beispielsweise, denn hier wachsen Reben, die sich im immer rauen Wind die Reife ihrer Trauben langsam und zäh erkämpfen müssen. Dieser lange Reifeprozess verleiht dem Wein von Vredendal seine typische Intensität. Und dann das Essen: Muscheln, Handteller groß, Austern in riesigen Buscheln, Langusten, Fisch von klein bis groß, gegrillt, gebacken oder in köstlichen Suppen verkocht; alle Gerichte stets in Portionen, die schlicht zu groß sind zum Aufessen. Die Raffinessen einer Haute Cuisine wiegen sich auf in ehrlicher, frischer Küche.

Augrabies – Laute Sprache

Augrabies heißt in der Nama-Sprache „Ort der lauten Sprache“. Warum dieser Name berechtigt ist, hört man sofort nach der Einfahrt in den Nationalpark. Nur wenige Schritte vom Eingangstor entfernt, stürzt der Oranje River auf einer Breite von 150 Metern in mehreren Wasserfällen in die 18 Kilometer lange, bis zu 240 Meter tiefe Augrabies-Schlucht. Vorsicht ist erbeten beim Wandern in der Nähe des Naturwunders, allzu frisch erscheint die Luft von den Tropfen der Gischt, doch ist die Sonne unbarmherzig. Kopfbedeckungen und viel Wasser müssen zur Ausrüstung gehören. Doch sollte man auf einen Spaziergang nicht verzichten, denn fast überall wo man hintritt, blitzt und schimmert es von Halbedelsteinen, von Rosenquarzen, Tigeraugen und Turmalinen.

01 *Halbwüstenlandschaft des Northern Cape*
02 *Küstendorf im Norden des Western Cape*
03 *West Coast National Park: Langebaan-Lagune*

01 *Blumiges Frühjahrspatchwork in der Halbwüste*
02 *Baumprotee in den Cedarbergen*
03 *„Soldier's Head“*
04 *Jahrtausendealte Felszeichnungen der San*

Sultaninen, Portwein und Sherry

Folgt man dem Oranje River nordwärts, mag man sich verwundert die Augen reiben. Eben noch bestand das Land aus nichts als Wüste, so kleiden sich die Ufer des längsten Flusses Südafrikas dort, wo er sich verbreitert, um einer Insel Platz zu schaffen, in sattes, dichtes Grün. Weinstöcke wechseln sich ab mit Aprikosenplantagen, Ananaspflanzungen und Pfirsichgärten, Dattelpalmen und Mangobäumen. Die Luft ist schwer vom Duft der Früchte, und hinter der üppigen Natur wird ein Städtchen sichtbar: Upington, die „Afrikaanerstadt“. Viel gäbe es zu diesem Farmerzentrum nicht zu sagen, wäre da nicht die landwirtschaftlich herausragende Stellung des Gebiets. Fast 80 Prozent aller

Am Oranje River ist die Luft schwer vom Duft der Früchte.

in Europa verkauften Rosinen und Korinthen stammen aus Upington, und sogar 84 Prozent aller südafrikanischen Tafeltrauben. Der Welt zweitgrößte Produktionsstätte für Trockenfrüchte wird hier betrieben. 750 Weinbauern haben sich zu einer Genossenschaft, den Oranje Rivier Co-operative Wine Cellars, zusammengeschlossen, um mehr als die Hälfte des Weltbedarfs an Dessertweinen befriedigen zu können. Sherrys und Portweine kommen ebenfalls von hier. Denn Upington ist, am Rande der Wüste, nicht nur eine Oase im herkömmlichen Sinn, das Städtchen ist ein südafrikanischer Wirtschaftsfaktor.

Rote, grollende, rollende Dünen

Von Upington geht es auf der R 360 nordwärts durch eine karge, trockene Wüstenlandschaft in Richtung Botswana. Nichts vermag das Auge zu fesseln, bis die bizarren Formen der Köcherbäume dem eintönigen Gleichmaß der Landschaft „Hingucker“ aufsetzen. „Halfmentree“, „Halbmenschenbaum“, wird die bis zu neun

05 *Bussard-Landeplatz im Cedargebirge*
06 *Abendstimmung an den Augrabies Falls*

01 *Mittagsruhe bei den Springböcken in der insgesamt 1,2 Mio km² großen Kalahari-Wüste*

02 *Köcherbaum*
03 *Ein Erdmännchen beobachtet die Umgebung*

04

05

SPECIAL Tiere der Kalahari

Die Wüste lebt – vor allem nachts

Dünen-, Wüstengräser und Köcherbäume sowie Sand bestimmen das Bild der 1,2 Mio. km² großen Kalahariwüste. So leblos, wie sie auf den ersten Blick scheint, ist das Land jedoch nicht.

Im Frühling erwachen die Wüstenpflanzen

Die Gesetze der Wüste

Man scheint keinen Meter in der Kalahari hinter sich lassen zu können, ohne von den Erdmännchen beobachtet zu werden. Hoch aufgerichtet stehen sie stets in Sichtweite, in ganzen Großfamilienverbänden, die Vorderbeine an den Körper gepresst, und halten Ausschau nach etwas zu fressen, oder, noch wichtiger, nach etwas, was sie fressen könnte. Am Morgen, noch ein wenig steif von der kühlen Nacht, erwacht ihr Spieltrieb mit der Wärme der ersten Sonnenstrahlen.

Ein anderer Wüstenbewohner – man kennt ihn aus der Dokumentation „Capricorn" – saust geschwind wie ein Auto auf den Dünen hin und her. Der kleine Käfer ist durch einen Chininpanzer gegen die Hitze geschützt. Die Schlangen der Wüsten schützen sich vor der sengenden Sonne, indem sie sich unter der Sandoberfläche eingraben, sodass nur noch die Atemlöcher frei liegen. Im Inneren der Dünen, in Kühle und Dunkelheit, lebt eine Spinnenart, die nur des Nachts zu sehen ist. Überhaupt werden die meisten Tiere, die in der Wüste leben, nur nachts aktiv: Wüstenfüchse und Wüstenluchse zum Beispiel, aber auch Löwen ... Deshalb sollte man die Regeln der Wüste beachten: Nicht barfuß gehen, nicht ohne Zelt übernachten und vor allem nicht glauben, sich in einem Sandkasten zu bewegen.

Meter hohe Aloenart auch genannt. Der Stamm in der Mitte, die abgewinkelt nach oben gereckten Arme – die Assoziation liegt nah. Den Namen Köcherbaum allerdings verdankt die Pflanze den San, die aus den Ästen die Köcher für ihre Pfeile schnitzen. Hier in der Kalahari leben noch einige Bushmen als Nomaden. Ihre kleinen Gestalten sind hin und wieder zu sehen. Ein Bild von archaischem Charakter vor der Kulisse der roten Wanderdünen, die so hoch sind wie Berge. Im Flirren der Hitze narren zahllose Fata Morganen den Reisenden, tanzen „Hexenfeudel" und „Teufelsbilder" in Windhosen über die Ebenen und grollen die Dünen: Wenn der Wind den Sand zu schnell verweht, das Sandmeer in Wallung gerät, dann dröhnt es wie ein herannahender Sturm, während die Luft sich in einen Schleier feinster Staubpartikel hüllt.

In dieser Wüstenei leben Erdmännchen, Springböcke, Antilopen, Löwen und Leoparden. Nannte man den Park bis ins Jahr 2000 noch den Kalahari Gemsbok National Park, so heißt er seither Kgalagadi Transfrontier Park, entstanden aus der Zusammenlegung der beiden Gemsbok-Nationalparks Südafrikas und Botswanas – mit dem Erfolg, dass das Wild heute wieder seinen alten Migrationswegen folgen kann, bis hin zum botswanischen Okavango-Delta.

04 *Fotosafari im Kgalagadi Transfrontier Park*
05 *Kalahari-Löwin versteckt im Savannengras*

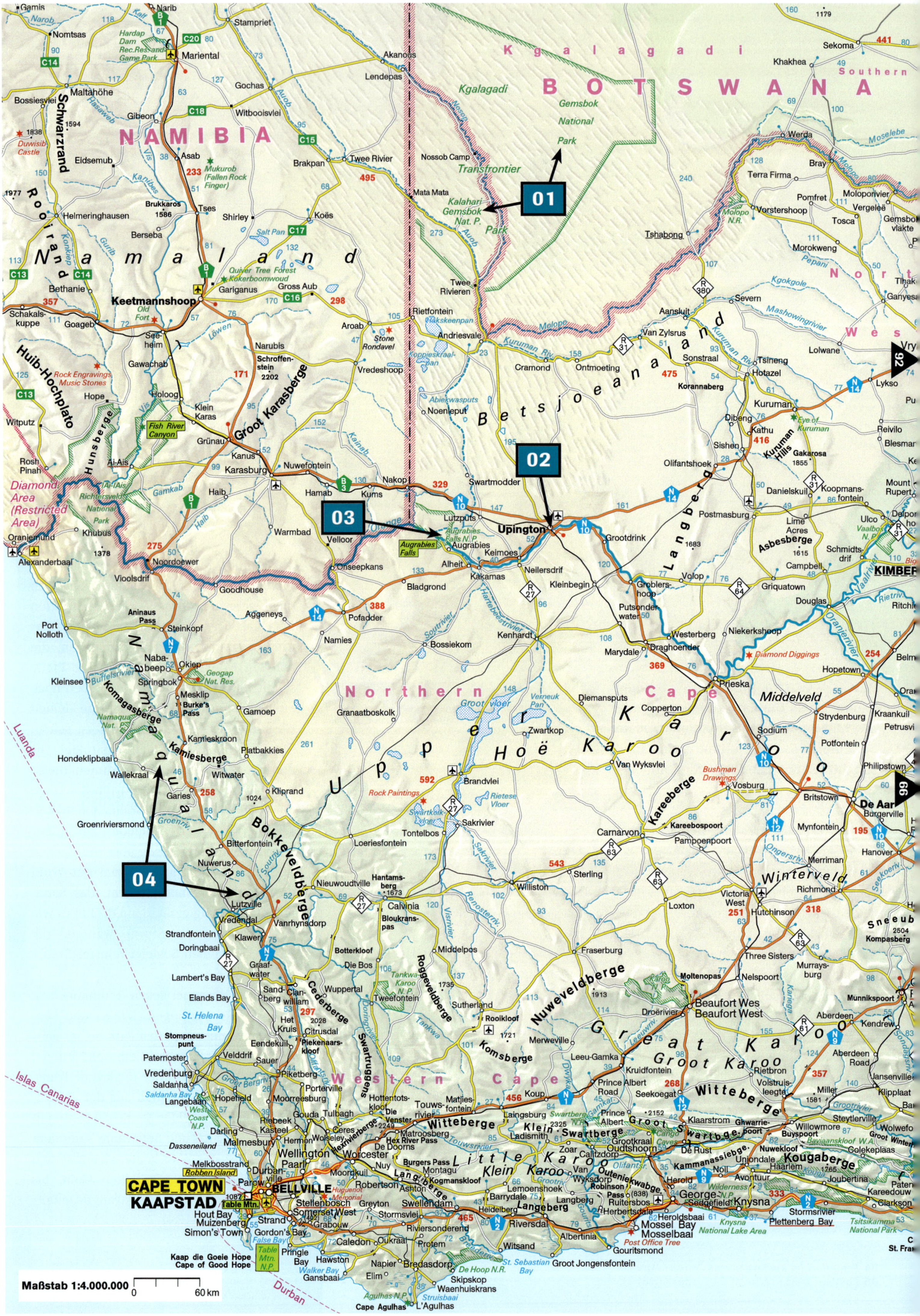

NAMIBIA
BOTSWANA
Kgalagadi
Southern
Namaland
Betsjoeanaland
Northern Cape
Upper Karoo
Hoë Karoo
Namaqualand
Western Cape
Great Karoo
Groot Karoo
Little Karoo
Klein Karoo
Kgalagadi Transfrontier Park
Gemsbok National Park
Kalahari-Gemsbok Nat. P.
01
02
03
04
Mariental
Maltahöhe
Gochas
Gibeon
Asab
Keetmanshoop
Karasburg
Grünau
Groot Karasberge
Fish River Canyon
Noordoewer
Oranjemund
Alexanderbaai
Diamond Area (Restricted Area)
Aughrabies Falls
Augrabies
Upington
Keimoes
Kakamas
Springbok
Port Nolloth
Kamiesberg
Kamieskroon
Calvinia
Vanrhynsdorp
Vredendal
Lutzville
Bokkeveldberge
Cederberge
Nuweveldberge
Kimberley
Kuruman
Prieska
De Aar
Beaufort West
Victoria West
Carnarvon
Williston
Sutherland
Laingsburg
Oudtshoorn
George
Knysna
Mossel Bay
Mosselbaai
Plettenberg Bay
Swellendam
Worcester
Paarl
Wellington
Stellenbosch
BELLVILLE
CAPE TOWN
KAAPSTAD
Table Mtn.
Robben Island
Saldanha Bay
St. Helena Bay
Lambert's Bay
Kaap die Goeie Hope
Cape of Good Hope
Cape Agulhas
L'Agulhas
Hermanus
Swartberge
Kougaberge
Langeberg
Witteberge
Luanda
Islas Canarias
Durban
Maßstab 1:4.000.000
0
60 km
92
99

Wüste, Wasser und Wildblumen

Das Land im Westen ist geprägt von der riesigen Kalahari. Hier lassen sich die unvergleichliche Schönheit der Wüste, die Stille und der überwältigende Sternenhimmel, aber auch die Hitze und Lebensfeindlichkeit erleben. Nur am „Ort der lauten Sprache“, den riesigen Augrabies-Wasserfällen, wird diese Ruhe „gestört“: Dort donnert der Oranje River in mehreren gewaltigen Kaskaden in die Tiefe. Im Frühjahr verwandelt sich das wüstenartige Namakwaland in ein buntes Blütenmeer.

01 KGALAGADI TRANSFRONTIER PARK

Der 27 000 km² umfassende Kgalagadi Transfrontier Park im äußersten Nordwesten des Landes wurde im Jahr 2000 aus dem Gemsbok National Park in Botswana und dem südafrikanischen Kalahari Gemsbok National Park gebildet **TOPZIEL.** Da es in dem Nationalpark keine Grenzzäune gibt, können sich die hier lebenden Tiere im gesamten Schutzgebiet frei bewegen. In weiten Bereichen ist die Halbwüstenlandschaft der Kalahari noch unberührt, nur Bushmen durchstreifen die endlosen Weiten. Man erreicht den Nationalpark am besten über Upington. Von dort geht es auf Schotterstraßen zum 240 km entfernten Parkeingang.

Bevor man das ganzjährig zugängliche Schutzgebiet besucht, sollte man sich unbedingt über den Zustand des Parks informieren. Zwar sind die Sandstraßen und Schotterpisten gut befestigt, doch selbst nach einem nur kurzen Regen sind alle Straßen unpassierbar.

Die Regenzeit dauert von Januar bis April, allerdings fallen tatsächlich nur selten Niederschläge. Auch führen die Flüsse Molopo, Kuruman und Nossob durchschnittlich nur einmal in 50 Jahren Wasser, der Auob-Fluss alle drei, vier Jahre. Die Tierwelt besteht u.a. aus Oryxantilopen, Streifengnus, Hyänen, Leoparden, Wüstenfüchsen, Schakalen, Löwen und Löffelhunden. Zu den über 200 Vogelarten gehören Braunadler und der stelzbeinige Sekretär. Oft kann man auch Strauße beobachten.

AKTIVITÄTEN Entlang des Auob-Flusses und des Nossob-Fusses – und streckenweise in deren Bett – verlaufen die 120 km bzw. 160 km langen, **Drives** genannten Pirschrouten. Die 55 km weite **Dune Route** führt, an Salzpfannen vorbei, über zauberhaftes Dünengebiet. Nicht selten werden hier Löwen gesichtet.

Eine Route für Geländewagen, der **Gemsbok Wilderness Trail**, beginnt an der Molopo Kalahari Lodge und führt in drei Tagen über 850 km durch den kaum berührten Norden bis nach Botswana. Die besten Tageszeiten für **Wildbeobachtungen** sind der frühe Morgen und der frühe Abend, wenn die Tiere zu den angelegten Wasserstellen kommen.

LODGES Da es nur wenige Lodges gibt, sind Voranmeldungen wichtig; allen Lodges sind Campingplätze angeschlossen. **Twee Rivieren** am Südende des Schutzgebiets verfügt über einen Laden, eine Snackbar, eine Tankstelle und einen kleinem Flugplatz. Unterkünfte befinden sich in Mehrbett-Chalets. In **Mata Mata** im Westen des Parkgebiets an der Grenze zu Namibia gibt es einen Shop, eine Tankstelle und gemütliche Mehrbett-Chalets. Das schön gelegene **Nossob Camp** im Norden des Nationalparks verfügt ebenfalls über einen Shop, eine Tankstelle und Mehrbett-Chalets. Die **Molopo Kalahari Lodge,** 58 km vom Twee Rivieren-Parkeingang entfernt, besitzt einen Pool, ein Restaurant sowie komfortable Rondavels und Chalets; dort versteht man auch Deutsch (Informationen unter Tel. 054/5110008, Fax 5110009, www.molopo.co.za).

INFORMATION
Kgalagadi Transfrontier Park
South African National Parks (SANP)
Tel. 054/5612000, Fax 054/5612005
www.sanparks.org

02 UPINGTON

Upington (62 000 Einw.) liegt weit im Norden der Provinz Northern Cape am Westufer des Oranje-Flusses. Die Stadt lebt vor allem von der Landwirtschaft. Die längste und einzig nennenswerte Straße Upingtons – in der sich die wenigen Geschäfte, Restaurants und Hotels befinden – ist die Schroeder Street, benannt nach dem Missionar Christian Schröder, der hier 1871 die Missionsstation Olyvenhoutsdrift gründete. Ihm ist das Bewässerungssystem zu verdanken, das bis heute den Wohlstand der Region sichert.

SEHENSWERT Ein ungewöhnliches Erlebnis ist der Spaziergang vom **Kalahari Oranje Museum** zur Natur- und Kulturgeschichte der Region (Sa. und So geschlossen) in der Schroeder Street über die Brücke auf die Insel im Fluss, wo die **Palmtree Avenue** beginnt: Nirgendwo anders südlich des Äquators kann man über einen Kilometer weit auf einer Palmenpromenade entlangschlendern. Ein Besuch der **South African Dried Fruit Cooperative** in der Groblers Road (Führungen: Mo. – Do. 9.45 und 14.00, Fr. 9.45 Uhr) weiht in die Produktion von Trockenfrüchten ein. In den **Oranjerivier Wine Cellars** finden sonntags bis freitags nach Anmeldung Weinproben statt (Industrial Area, Tel. 054/3378800). Dies sollte man sich nicht entgehen lassen, denn die Weine hier sind so ganz anders.

MUSEUM Die Exponate des **Kalahari Oranje Museum** (Schroeder Street; geöffnet: Mo. – Fr. 8.00 – 17.00 Uhr), das im 1883 errichteten Gebäude der einstigen Missionsstation untergebracht ist, beleuchten die Natur- und Kulturgeschichte der Region.

UMGEBUNG 13 km nördlich erhebt sich ein Granithügel; dort wurde das **Spitskop Nature Reserve** eingerichtet, ein Schutzgebiet für Antilopen, Gazellen, Gnus, Steppenzebras, Kamele und Strauße (geöffnet: tgl. 7.00 – 19.00 Uhr).

INFORMATION
Tourist Information
Kalahari Oranje Museum, Schröder Street
Tel. 054/3326064
http://kharahais.gov.za, www.upington.co.za

Man muss ins Le Must

Dieses Restaurant in Upington ist nicht nur eine Oase des Stils und des Genießens am Rande der Kalahari-Wüste, es ist zudem Umschlagplatz für alle Informationen zu Stadt und Land. Nils Stemmet ist die Seele des Hauses, sein Wissen um alles, was in der näheren und weiteren Umgebung geschieht, die phantastische Küche und der Charme des Lokals sind unbedingt erlebenswert (11 Schroeder Street, Tel. 054/3323971).

Le Must, Upington, 11 Schroeder Street
Tel. 054/3323971

Dicke Staubwolken sind die Wegbegleiter auf den Straßen entlang der Westküste

03 AUGRABIES FALLS NATIONAL PARK

Etwa 130 km westlich von Upington, nahe der Grenze zu Namibia, wurde 1967 der 88000 ha große Augrabies Falls National Park entlang dem Oranje River eingerichtet. Neben den Wasserfällen – der Hauptfall hat eine Höhe von 56 m, der Einsturzsee ist 130 m tief – ist es die faszinierende Kargheit der Natur, die jeden Besucher in ihren Bann zieht. Sie intensiv zu erleben, bedarf es allerdings einiger Anstrengungen, denn selbst ein kurzer Spaziergang ist ein Kräfte zehrender Ausflug unter brütender Sonne über glutheiße Felsen, ohne irgendeinen schattigen Unterschlupf.

Die Tierwelt des Augrabies-Nationalparks ist der Kargheit ihrer Umwelt angepasst und nicht sonderlich vielfältig. Beim Wandern muss man allerdings auf Schlangen Acht geben, etwa 19 Arten leben hier. Zu den giftigsten gehören die Puffotter, die Schwarze Kobra und die Kapkobra, die Sandviper und die Schwarze Mamba. Mit ein bisschen Glück entdeckt man einen Ameisenbär; Schakale, Wüstenluchse und Leoparden sind weniger selten. Seit 1985 versucht man, Spitzmaulnashörner hier heimisch zu machen; kein anderes Tierschutzprojekt der Region wird so akribisch betrieben.

AKTIVITÄTEN Man muss ein wirklich gut trainierter Naturfreund sein, um sich auf zwei der bekanntesten Wüsten-Hiking-Trails Südafrikas zu begeben: den **Klipspringer Hiking Trail**, für den man mindestens drei Tage benötigt und der hauptsächlich parallel der südlichen Schlucht verläuft (Infos bei SANP, aber auch s. TIPP: Kostbare Wanderung). Die andere Herausforderung heißt **Pofadder Hiking Trail** (Tel. 054/9330066), beginnt in dem Ort Pofadder, rund 150 km südwestlich des Nationalparks an der R64, und führt vier Tage lang durch eine einsame, in ihrer Kargheit streckenweise unwirklich erscheinende Landschaft.

Eines der Highlights auf dem Trail ist ein Wald von Köcherbäumen auf der Coboob Farm. Ein ganz außergewöhnliches Erlebnis ist das **Black Rhino Adventure** **TOPZIEL**, ein Ausflug in den ansonsten gesperrten Riemvasmaak Park, jenseits des Oranje Rivers, um dort die seltenen Spitzmaulnashörner zu beobachten (Tel. 054/4510050). **Wildwasserfahren** (The Augrabies Rush, Tel. 054/4310945) ist eines der beliebtesten Abenteuer der Region; unter derselben Telefonnummer erreicht man auch das Reitzentrum **Farm Noudonsies**, das Tagesausflüge sowie mehrere Tage daurende Ausritte organisiert. **Kanufahren**, **Mountainbiking** sowie **Wandern** ist auch für nicht ganz Geübte ein Erlebnis (Gariep 3 in 1 Adventure, Tel. 054/4529200).

Tipp

Kostbare Wanderung

Etwa in der Mitte zwischen Küste und Upington liegt Pofadder an der R64. Der Name des Ortes, der nach Puffottern benannt wurde, verheißt nichts Gutes, und tatsächlich erscheint die Welt hier recht unwirtlich: Halbwüste, Staub, brütend heiße Sonne ... Doch da, im graubraunen Sand schimmern Amethyste, Tigeraugen, Quarze in allen Farben und Formen. Zwischen Pofadder und den Augrabies Falls windet sich der Klipspringer Hiking Trail, und wohl kaum ein Teilnehmer der dreitägigen Wanderung wird zurückkommen, ohne die Taschen mit den halbedlen Kostbarkeiten gefüllt zu haben.

Klipspringer Hiking Trail, Augrabies Falls National Park, Tel. 054/4529200

INFORMATION

Augrabies Falls National Park
Tel. 054/4529200, Fax 054/4515003
www.sanparks.org

04 NAMAKWALAND/ WESTKÜSTE

Als Namakwaland wird ein rund 48 000 km² großer Landstrich im Nordwesten Südafrikas bezeichnet. Er reicht von dem Städtchen Vanrhynsdorp (an der N7) im Süden bis zum Oranje-Fluss im Norden, der die Südgrenze von Namibia bildet; nach Osten hin erstreckt sich das Namakwaland bis nach Pofadder. Wenn hier zwischen August und Oktober die Wildblumen blühen, sind noch viele der kleinen Ortschaften an der Westküste „geschlossen" – dienen sie doch hauptsächlich als Feriendomizile betuchter Kapstädter. Demzufolge ist es in dieser Region mit der Quartierbeschaffung nicht einfach. Doch sollte man sich die unvergleichlichen Naturbegegnungen, auch außerhalb oder möglichst zusätzlich zur Wildblumenblüte, in den Cedarbergen nicht entgehen lassen. Am besten ist es, man bucht den Aufenthalt an der Westküste vor (Tel. 027/2135552, www.namakwa.com).

AKTIVITÄTEN **Wanderungen** im Bushman's Kloof Wilderness Reserve (Tel. 021/7970990, www.bushmanskloof.co.za) nördlich der Cedarberge. Das Gebiet gilt als die größte „Open-Air-Kunstgalerie der Welt" – mit 130 bisher entdeckten Bushmen Paintings, Felsmalereien der San ist das sicher keine Übertreibung. **Rafting**, **schwimmen** oder gemütlich **Kanu fahren** ist auf der Oudrif Guest Farm (Tel. 027/4822397) angesagt, die in einem fruchtbaren Tal beim Städtchen Clanwilliam liegt. Um das nahe der Oudrif Farm gelegene, über 70 000 ha große Naturschutzgebiet **Cedarberg Wilderness Area** betreten zu dürfen, benötigt man eine Erlaubnis (Tel. 022/9212289). Doch um dieses Naturparadies erleben zu können, lohnt sich der geringe Aufwand, sich eine solche Erlaubnis zu beschaffen, denn mit ihren Zedernwäldern, Flüssen, weiten Tälern und bizarren Berglandschaften ist kaum eine Region im Westen Südafrikas reizvoller. **Weinproben** genießt man am besten in den Golden Valley Cellars bei Vredendal (Tel. 022/9212233).

Kalahari-Luxus-Lodge mit offenem Kamin

Tipp

Tee vom Rotbusch

Er sieht aus wie Ginster, wird gut zwei Meter hoch und wächst nur in den Cedarbergen: der Rooibos, Rotbusch, dessen nadelförmige Blätter sich beim Fermentieren rot färben und damit dem Tee, der daraus gewonnen wird, seinen Namen gibt: Rooibos-Tee. Mittlerweile in Europa zu einem Kult-Tee geworden, kann man sich tatsächlich kaum ein gesünderes Getränk vorstellen. Rooibos-Tee enthält kein Tein bzw. Koffein und kaum Gerbstoffe. Er wirkt beruhigend, bekämpft Schlaflosigkeit, Übelkeit, Verstopfung, Sodbrennen und hilft sogar bei leichten Fällen von Asthma und Heuschnupfen.

Informationen und Führungen bei Rooisbos Ltd. Clanwilliam, Tel. 027/4822155 www.rooibosltd.co.za

FLOWER ROUTES Durch die Wildblumengebiete führen fünf „Flower Routes": von **Springbok nach Port Nolloth** über Steinkopf und den Anenous Pass; von **Springbok nach Soebatsfontein** über Hondeklipbaai, den Messelpad Pass und den Wildeperdehoek Pass; von **Kamieskroon nach Garies** über den Mamiesberg Pass, Nourivier, Leliefontein und Karas; von **Garies über Groenriviermond** zur Küste; von **Garies nach Kamieskroon** über Wallekral, Hondeklipbaai und Soebatsfontein.

INFORMATION
Flower Hotline
Tel. 021/4183705 (Infos über die schönsten Plätze der Wildblüte, tgl. 9.00 – 18.00 Uhr)

Nicht versäumen!

ERLEBEN

Die Schönheit der Wüste
Die endlose, glühende Weite, weiße und rote Sandünen, karge Trockensavanne, fantastische Sonnenuntergänge und einen überwältigen Sternenhimmel – im Kgalagadi Transfrontier Park kann man die Schönheit der riesigen Kalahari-Wüste erleben.

TOPZIEL Siehe Nr. 01

NATUR

Skurrile Bäume
Im Kokerboom Forest bei Kernhardt an der R 27 Richtung Kapstadt stehen ca. 700 dieser bizarren, bis zu 4 m hohen Bäume. Der Köcherbaum kann in seinem Stamm Wasser speichern und treibt im Juli gelbe Blüten.

Siehe Nr. 02

ERLEBEN

„Ort der lauten Sprache"
Das bedeutet in der Sprache der Khoikhoi der Name „Augrabies". Und in der Tat: Das einzigartige Naturwunder macht gewaltigen Lärm, wenn die Wassermassen auf einer Breite von fast 150 m in eine 18 km lange Schlucht mit bis zu 240 m hohen Wänden donnern.

Siehe Nr. 03

NATUR

Black Rhino Adventure
Nördlich des Augrabies Falls National Park liegt der 75 000 ha große, grundsätzlich gesperrte Riemvasmaak Park. Dort lassen sich im Black Rhino Adventure die seltenen Spitzmaulnashörner beobachten.

TOPZIEL Siehe Nr. 03

ERLEBEN

Wo die wilden Blumen blühn'
Zwischen Mitte August und Oktober verwandelt sich das Namakwaland, eine den Rest des Jahres bizarre Halbwüste, in ein herrlich buntes Blütenmeer. Zentrum der Blütenpracht ist die Region um Springbok.

Siehe Nr. 04

SÜDAFRIKA

für Genießer

Bessere Bedingungen kann Wein kaum haben als am Kap – deshalb reifen hier beste Tropfen. Die Küche ist wie das Land ein Schmelztiegel der Rassen und Kulturen. Dazu passt auch der Strauß, ein vielseitiger Vogel der Superlative.

PARADIES *für Reben*

WEIN

Bereits Mitte des 17. Jahrhunderts wurden am Kap die ersten Weinreben gepflanzt. Der Siegeszug des südafrikanischen Weines in deutsche Lebensmittelmärkte – und rund um die Welt – begann aber erst Ende des 20. Jahrhunderts.

Unterschiedliche Klimazonen

Die rund 110000 ha großen Weinbaugebiete Südafrikas liegen allesamt am südlichsten Zipfel des afrikanischen Kontinents. Sie lassen sich in zwei große Hauptregionen einteilen: in das vom Atlantik beeinflusste Küstengebiet und das durch Bergketten von der Küste abgetrennte Inland. Das Klima in der Kapregion ist für den Weinbau ideal. Im Winter herrschen hier im Durchschnitt milde Temperaturen. Es gibt weder Frost noch Hagel, im Herbst regnet es fast nie. Und im Sommer klettert das Thermometer auf angenehme 25 °C dank des kalten Benguela-Stromes, der von der Antarktis nach Norden an der Westküste Südafrikas entlang bis nach Angola fließt. So sorgen die vorherrschenden

„Das Klima in der Kapregion ist für den Weinbau ideal: im Winter mild, im Sommer angenehm bei 25 Grad.“

Westwinde in dem 50 km breiten Streifen zwischen der Küste und dem Kapgebirge für ein feuchtes und gemäßigtes Klima – und für zumeist trockene Weiß- und Rotweine. Weiter im Norden und Osten jenseits des Gebirges ist es hingegen heiß und trocken, und die Weinbaugebiete müssen bewässert werden. In den durch Bergketten abgetrennten Gebieten Klein Karoo, Olifantsrivier, Robertson und Worcester gewinnt man vorwiegend alkoholreiche Dessert-Weine.

Weinbaugebiete

Es gibt fünf große Weinregionen, die aus mehreren Distrikten und einer Reihe von Wards bestehen. Viele Districts (wie etwa Overberg) und Wards sind eigenständig, d.h. keiner Region bzw. keinem District zugeordnet. Zur Region Coastal Region – in einem Umkreis von 200 km um Kapstadt im atlantischen Küstengebiet – zählen die Distrikte Cape Point, Darling, Paarl, Tygerberg, Stellenbosch, Swartland und Tulbagh. Zu Paarl gehört auch das Gebiet Franschhoek („Franzosenecke“), in dem gegen Ende des 17. Jahrhunderts französische Hugenotten das älteste systematisch bewirtschaftete Weinbaugebiet Südafrikas ins Leben riefen. Stellenbosch bildet das Herz des Weinbaus am Kap und hat viele Spitzenweingüter, deren Produkte mittlerweile Weltklassenniveau erreicht haben, aber auch Paarl und Franschhoek genießen ebenfalls internationalen Ruf als Weinbauorte. Ein eigenständiger Ward ist Constantia südlich von Kapstadt. Die Herkunftsbezeichnung Boberg erhalten ausschließlich gespritete Weine, die in den beiden (sonst der Coastal Region zugehörigen) Districts Paarl und Tulbagh hergestellt werden. Das östlich gelegene Breede River Valley umfasst die Distrikte Breedekloof, Worcester, Robertson und Swellendam. Robertson zählt zu den flächenmäßig größten Weinbaugebieten des Landes, mit über 40 Rebsorten ist hier der Weinbau äußerst vielseitig. Weiter östlich liegt das Weinbaugebiet Klein Karoo mit dem Distrikt Calitzdorp, das sich zwischen zwei Gebirgsketten erstreckt und trockenes, aber nicht allzu heißes Klima hat. Das nördlich der Coastal Region gelegene Olifantsrivier (mit den Distrikten Citrusdale Mountain, Citrusdale Valley und Lutzville Valley) grenzt direkt an die Atlantikküste und zieht sich am gleichnamigen Fluss entlang nach Südosten ins Landesinnere hinein. Der sehr heiße Weinbaubereich, wo sich inmitten der Cederberge der höchstgelegene südafrikanische Weinberg in 1150 m Höhe befindet, erwarb sich vor

GARTENRESTAURANT IN STELLENBOSCH

allem mit Destillaten und Dessertweinen einen Ruf. Mit einem aufgespriteten Süßwein des Gutes Brakfontein bei Citrusdal soll sich Napoleon um 1815 sein Exil auf St. Helena versüßt haben.

Das südafrikanische Weinbaugebiet wird auch in drei Geographical Units unterteilt. Rund 90 % der südafrikanischen Weine stammen von der GU Western Cape, zu der alle fünf og. Regionen gehören. Als GU Northern Cape wird die Region rund um den Orange River und seine Nebenflüsse im zentralen Hinterland Südafrikas bezeichnet. Die wichtigsten Anbaugebiete sind Douglas und Lower Orange River. Da es hier immer heiß ist und fast nie regnet, müssen die Weinbaugebiete stets bewässert werden. In der GU KwaZulu-Natal gibt es derzeit nur Versuchs-Anpflanzungen von Rebstöcken und ein Versuchs-Weingut.

SPITZENWEINE VON DER KAPHALBINSEL

Rebsorten

Für den Qualitätsweinbau sind die Regionen Coastal Region und Breed River Valley am bedeutendsten. Mit rund 60 % dominieren die weißen Rebsorten am Kap. Die meist verbreitete Traube ist Chenin Blanc (von der Loire; in Südafrika meist Steen genannt). Rund um Paarl, Stellenbosch und Constantia wird vorwiegend Sauvignon Blanc angebaut. Weitere Weißweine sind Chardonnay, Sémillon, Riesling (Rheinriesling), Gewürztraminer, Muscat d´Alexandrie und Viognier.

Der Rotweinanteil beträgt etwa 40 % der Anbaufläche. Führend sind die internationalen Rebsorten Cabernet Sauvignon (die meist angebaute rote Rebsorte am Kap), Merlot und Shiraz sowie die südafrikanische Traube Pinotage, die 1925 ein südafrikanischer Züchter aus Pinot Noir (aus dem Burgund) und Cinsaut (aus Südfrankreich; in Südafrika früher Hermitage genannt) kreuzte. Weitere nennenswerte Rotweine sind Cinsaut (vor allem für Cuvées), Pinot Noir, Ruby Cabernet sowie als Neuerscheinungen Cabernet Franc und Mourvedré.

Darüber hinaus hat das Kapland Schaumweine „à la champenoise", Portweine, Trockenbeerauslesen und Brandys von nicht minderer Qualität zu bieten. Es lohnt sich, zumindest einen Teil der 13 Weinrouten von Stellenbosch, Paarl, Franschhoek oder Constantia abzufahren, die, in Anlehnung an die französischen Routes du Vin und die deutschen Weinstraßen, ab 1971 in Südafrika eingerichtet wurden, und sich nach ausgiebigen Weinproben gegebenenfalls mit südafrikanischem Wein einzudecken. Auf vielen Gütern kann man auch sehr gut speisen und stilvoll nächtigen (www.wine.co.za, zu Weingütern: www.sa-weine.de).

Weingüter mit Tradition

Cabrière Estate (Franschhoek): Gegründet wurde das am Ufer des Franschhoek River gelegene Weingut (estate) von dem französischen Hugenotten Pierre Jourdan 1694. Heute gehört es Achim von Arnim, dem Spross deutsch-schwedischer Adliger, dessen Frau Hildegard von der Mosel stammt. Der kelternde Adlige, der Weinbau in Deutschland studiert hat, produziert vorwiegend Sekt in Flaschengärung. Insbesondere der Sekt Belle Rose ist hervorragend, das Weingut hat aber auch exzellente Tropfen aus Pinot Noir zu bieten. Das angeschlossene, in den Hügel hineingebaute „Haute Cabrière Cellar Restaurant" – mit Blick aufs Franschhoek-Tal oder auf den romantisch beleuchteten Weinkeller – zählt zu den besten im Land. Samstags wird ab 11.00 Uhr die Kellertour von Achim von Arnim geführt; manchmal öffnet er dabei eine Flasche Sekt nach der Manier seiner preußischen Vorfahren: mit dem Säbel (Franschhoek, Tel. 021/8762630, Fax 021/8763390, www.cabriere.co.za).

Stellenzicht Vineyards (Stellenbosch): Das 1692 gegründete Stellenzicht („Sicht auf Stellenbosch") zählt zu den besten Weingütern des Landes. Es liegt an den Hängen des Helderberg – von Stellenbosch auf der R 44 Richtung Somerset West. Angebaut werden weiße und rote Trauben wie Chenin Blanc, Chardonnay, Cabernet Sauvignon und Shiraz, der auch unter dem Namen Syrah verkauft wird. Von hier stammt ein Syrah, der 1994 als erster Wein über 100 Rand kostete.

Weinproben: Mo. – Fr. 9.00 – 17.00, Sa./So. 10.00 – 16.00 Uhr; Tel. 021/8801103, Fax 021/8801107, www.stellenzicht.co.za

De Wetshof Estate (Robertson): Seit 1693 gehört das Weingut im Tal des Breede River der Familie De Wet.

Heutiger Besitzer ist Danie de Wet, der Önologie in Geisenheim studiert hat. In den 1970er-Jahren belächelte man Danie de Wet, als er versuchte, in dieser heißen Region etwas anderes als Brandys und gespritete Weine zu produzieren – heute zählt er zu den besten Riesling-Winzern am Kap. Hervorzuheben ist sein Edeloes, eine Spätlese aus dem deutschen Rhine Riesling. Auch Pinot Noir wird angebaut, doch zu 95 % bestehen seine Weine aus weißen Sorten, darunter mindestens sieben Chardonnays.

Weinproben: Mo. – Fr. 8.30 – 16.30, Sa. 9.30 bis 13.00 Uhr; Tel. 023/6151853, Fax 023/6151915, www.dewetshof.co.za

Allesverloren Estate (Swartland): Das auf den südöstlichen Ausläufern des Kasteelberges, 100 km nordöstlich von Kapstadt, gelegene Allesverloren Estate ist das einzige als Estate eingetragene Weingut der Weinbauregion Swartland. Der Name entstand 1704, als die Farmbesitzer nach ihrer Rückkehr von Stellenbosch, wo sie Werkzeuge eingekauft hatten, ihr Anwesen abgebrannt vorfanden – und damit „alles verloren" war.

Auf dem Gut, das sich seit 1806 der Weinwirtschaft widmet, werden ausschließlich Rotweine angebaut, darunter ausgezeichnete Cabernet Sauvignon, Shiraz, Tinta Barocca und Portwein.

Weinproben: Mo. – Fr. 8.30 – 17.00, Sa. 8.30 bis 14.00 Uhr; Riebeeck West, Tel. 022/4612320, Fax 022/4612444, www.allesverloren.co.za

Keine Rotwein-Sorte wird am Kap häufiger angebaut als die Bordeaux-Traube Cabernet-Sauvignon.

KÜCHE

ABWECHSLUNG *ist Trumpf*

Wie wär's mit Krokodilrippchen, indischem Curry oder einer Burenwurst? Eine einheitliche südafrikanische Küche existiert nicht – sie ist so unterschiedlich wie die Bevölkerung des Landes: ein Schmelztiegel der Rassen und Kulturen. Eine Leidenschaft aber teilen alle Südafrikaner, ob Weiß oder Schwarz: Grillen im Freien.

Die ersten europäischen Siedler brachten die herzhafte, holländische Küche mit: gebratenes Fleisch und Eintopfgerichte. Mit den Sklaven, die sich die Vereenigde Oost Indische Compagnie aus ihren asiatischen Besitzungen in die Kolonie am Kap holte, hielt die malaiische und indonesische Kochkultur Einzug. Einflüsse hatten auch die französischen Hugenotten, die gegen Ende des 17. Jahrhunderts hier Zuflucht fanden, die englischen Kolonialherren, die zu Beginn des 19. Jahrhunderts die Holländer ablösten, sowie die Portugiesen, die in großer Zahl von Madeira, Angola and Mosambik einwanderten. Unter britischer Herrschaft kamen Inder ins Land, die vor allem der Küche um Durban ihren Stempel aufdrückten. Einen Einfluss übte, wenn auch in geringerem Ausmaß, die schwarzafrikanische Kochkultur aus – eine eher einfache Küche, deren Speisen über Jahrhunderte aus Getreidebrei, gekochtem Gemüse und Fleisch von Tieren bestanden, die bei der Jagd erlegt wurden.

Heute ist in der Gastronomie Südafrikas fast die gesamte Welt vertreten. In allen größeren Städten findet man Restaurants mit französischer, griechischer, italienischer, portugiesischer, chinesischer, indischer, japanischer, thailändischer und vietnamesischer Küche sowie die Filialen großer US-amerikanischer Fast-Food-Ketten. Auch Lokale mit bayerischer Küche sind keine Seltenheit.

Geliebter Curry

Vor allem in Kapstadt dominieren Gerichte der malaiischen Küche die Speisekarten. Es waren malaiische Sklavenfrauen, die ihren weißen Herrinnen die Küchenarbeit abnehmen mussten und die bis dato von niederländischen Rezepten geprägte Kochkunst am Kap veränderten, so dass die an Mehlsuppen, völlig verkochtes Gemüse und fettes Fleisch gewöhnten Niederländer nun feinwürzige, süßlich-sauer zubereitete, nach Curry und Chutney duftende Essen bevorzugten. Dazu zählen Spezialitäten wie der aus Java stammende Auflauf „Bobotie“, ein Hackbraten vom Hammel, Rind oder Wild mit Curry, süßsaurer Würze und einer pikanten Soße aus getrockneten Früchten. Malaiisch sind auch „Sosaties“, Fleischspießchen aus mariniertem Hammelfleisch, und verschiedene Arten von „Bredie“, Eintöpfen mit Fleisch, Kartoffeln und Gemüse. Am bekanntesten ist der "Waterblommetjie-Bredie“, der mit den süßduftenden, delikaten Blüten einer seerosenähnlichen Wasserpflanze zubereitet wird, die im Winter am Kap blüht. Am besten lässt sich die malaiische Küche in den Restaurants des Kapstädter Malaienviertels Bo Kaap kennen lernen.

Das Mekka der indischen Currys ist Durban, wo die meisten Südafrikaner indischer Herkunft leben. Zubereitet werden die Gerichte mit Fisch, Huhn, Lamm oder Rind; dazu gibt es Chutney, eine süß-saure Obst- und Gemüsesoße. Sollte der Curry zu scharf sein – die dazu servierten Kokosraspeln kauen! Empfehlenswert sind auch die „Samoosas“, Teigtaschen mit Fleisch- oder Gemüsecurryfüllung.

KOEKSISTERS: FRITTIERTE TEIGZÖPFE IN SIRUP

BOBOTIE – SÜDAFRIKANISCHER HACKFLEISCHAUFLAUF

Volkssport Nummer eins

Die Südafrikaner haben ein großes Faible für Fleisch. Aus alten Pioniertagen stammt „Biltong". Wenn die Voortrekker Fleisch konservieren wollten, schnitten sie es in Streifen, salzten es und legten es unter die Sättel. Dieses Dörrfleisch hielt monatelang und war ideal für die langen Trecks. Auch heute noch erfreut sich der sehr proteinreiche Imbiss großer Beliebtheit.

Das Trockenfleisch in dünnen Scheiben, aus Rind, aber auch vom Kudu, Springbock oder Strauß ist Knabbergebäckersatz, Schulbrot, der kleine Snack für zwischendurch und Reiseproviant. Überhaupt schmeckt Fleisch von heimischen Tieren wie Strauß, Kudu, Impala-Antilope, Gnu oder Krokodil ausgezeichnet.

An die frühe Siedlerzeit erinnern auch die „Potjies", Eintopfgerichte. Der Potjie selbst (sprich Poy-key) ist ein schwerer gusseiserner Kochtopf mit Henkel und Deckel, der mit seinen drei Füßen über das offene Feuer gestellt oder an einem passenden Gestell über dem Feuer aufgehängt wird. Die ersten Treckburen hatten einen solchen Topf an ihrem Ochsenwagen hängen. Ob Fleisch-, Fisch- oder Gemüsepotjie – es gibt eine Grundregel: Niemals den Potjie umrühren! Der Eintopf wird in Lagen gekocht.

Noch beliebter als Potjie ist „Braai", geselliges Grillen im Freien – eine Art nationalen Volkssports, der Schwarz und Weiß vereint. Gegrillt werden beim „Braaivleis", so heißen die Grill-Partys, Rind-, Hammel, Lamm- und Schweinefleisch – Rinderfilets sind in Südafrika sehr preiswert! –, aber auch die „Boerewors", eine schneckenartig gekringelte, gut gewürzte Bratwurst aus Rinder- und Hammelfleisch. Braaivleis ist einer der liebsten Nebenbeschäftigungen der Südafrikaner; selbst viele Hotels bieten Grillpartys in ihren Gärten an.

Kaum schwarzafrikanische Einflüsse

In der südafrikanischen Küche gibt es nur wenige schwarzafrikanische Einflüsse. Zu nennen wären hier Rezepte mit Mais, Süßkartoffeln, Kürbis, u.a. Maismehl-Brei mit einer scharf gewürzten Tomatensauce. In Townships versuchen mittlerweile zahlreiche Restaurants, die Touristen mit der schwarzen Küche vertraut zu machen: etwa mit Uputhu and Vleis, Maisbrei mit Fleisch. An den Küsten kommen vorwiegend Fisch und Meeresfrüchte auf den Tisch. Spezialitäten sind der gegrillte „Kingklip", eine Kabeljauart mit festem, weißem Fleisch, „Perlemoen", eine handgroße Muschel aus dem Atlantischen Ozean, der Klassiker „Snoek", eine Barrakuda-Art, und der „Crayfish", eine Riesenlanguste. Zur Fangsaison Ende November findet in Lambert´s Bay an der Westküste ein Crayfish-Festival statt. An der Garden Route in Knysna kann man Austern direkt am kleinen Hafen genießen.

Französisches Erbe: Konfyt

Die französischen Hugenotten führten neben dem Weinanbau auch eine spezielle Technik ein, Lebensmittel durch langsames Köcheln haltbar (confit) zu machen. So heißt heute jede mit Zuckersirup geköchelte Süßspeise „Konfyt". Die Franzosen brachten darüber hinaus Rezepte für Torten, Gebäck, Kekse und Gelees mit; in Franschhoek wird heute noch ausgezeichnete Schokolade gemacht. Ansonsten lieben die Südafrikaner deftige und stark gesüßte Speisen wie „Koeksisters", ein in Fett gebackenes und dann in Sirup getauchtes, zum Zopf geflochtenes Kleingebäck.

Festivals der Kochkunst

In Südafrika werden jährlich verschiedene Festivals veranstaltet, die alle im weitesten Sinne mit Lebensmitteln oder der Kochkunst zu tun haben. Größtes Festival dieser Art ist das Gourmet Festival in Kapstadt (www.gourmetsa.com). Ein halbes Jahr später, im Herbst, findet auch in Johannesburg ein großes Gourmet Festival statt.

Tafeln unterm Tafelberg: Während des rund eineinhalbwöchigen Gourmet Festivals Ende Mai 2007 boten die 40 Top-Restaurants der Stadt ihren Gästen zwei- oder dreigängige exquisite Feinschmeckermenüs zwischen 75 und 165 Rand an. Doch nicht nur südafrikanische Meister am Herd zeigen hier ihre Künste, auch namhafte Köche aus aller Welt erweisen dem Festival ihre Ehre und vermitteln ihre Kenntnisse bzw. lassen sich von ihren Kollegen aus Südafrika inspirieren.

Good Food & Wine Show: Nicht nur Liebhaber exzellenter Speisen kommen während des Festivals auf ihre Kosten, auch südafrikanische Weine dürfen gekostet werden. Beim 9. Gourmet Festival 2007 gab es darüber hinaus eine „Coffee Route" mit über 100 teilnehmenden Kaffee-Shops in der Innenstadt und Kloof Street. An den Ständen im Cape Town International Convention Centre (CTICC) konnten neben Weinen und südafrikanischen Speise-Spezialitäten auch die in Europa kaum bekannten Käsesorten probiert werden. Ein Ticket für ein Drei-Gänge-Menü, Getränke und Entertainment kostete 400 R pro Person.

Table of Peace & Unity: Höhepunkt des Feinschmecker-Festes ist stets der „Tisch der Einheit", zu dem führende Persönlichkeiten aus Politik und Kirche und alles, was Rang und Namen in der südafrikanischen Gesellschaft hat, geladen sind. Am 20. Mai 2007, gab es solche Tafelrunden sogar zeitgleich an drei verschiedenen Orten im Land: an den Hängen des Tafelberges von Kapstadt, in den historischen Union Buildings von Pretoria und im Botanischen Garten von Durban. An jeweils 300 m langen Tischen wurde Brot gebrochen und für eine friedvolle und gemeinsame Zukunft gebetet.

Schlemmen für einen guten Zweck: Die Gourmet Festivals dienen auch wohltätigen Zwecken. Bis 2007 konnten durch die Festivals mehr als 3 Mio. Südafrikanische Rand zusammengebracht werden. Doch das soziale Engagement bleibt nicht nur auf Wohltätigkeit beschränkt. 2007 schrieb sich das „Food and Fun"-Festival den Kampf gegen die Kriminalität auf die Fahne.

Festivals in Jo´Burg und Pretoria: Im Oktober bzw. November finden auch in Johannesburg und Pretoria alljährlich Gourmet Festivals statt. Auch hier bieten ausgesuchte Restaurants Zwei- bzw. Drei-Gänge-Menüs zu moderaten Preisen an, und in Workshops kann man sich von ausländischen Küchenchefs hilfreiche Kochtipps geben lassen.

EIN GANZ BESONDERER *Vogel*

Mit Straußenfedern verdienten Straußenfarmer in Südafrikas Karoo-Steppe einst ein Vermögen. Heute dienen die flugunfähigen Vögel in erster Linie als Fleischlieferant. Auch andere Körperteile lassen sich gut vermarkten.

Verhängnisvolle Federn

Mitte des 19. Jh.s wären die Strauße beinahe ausgerottet worden. Schuld war die Mode. Feine Damen, und solche, die sich dafür hielten, schmückten sich nur allzu gern mit Straußenfedern am Hut oder mit einer Federboa. So wurden jährlich Hunderttausende der riesigen Laufvögel wegen ihres Gefieders getötet. Jäger postierten sich an Wasserlöchern und schossen mit einem Schrotgewehr auf die Hälse der Strauße – nicht selten erlegten sie mit einem einzigen Schuss zehn Tiere. Dann begannen erste Versuche, Strauße zu zähmen und in Farmen zu halten, nicht nur in Afrika, auch in Europa. Doch nur in Südafrika entwickelte sich die Straußenzucht zu einer Art Industrie. In den Boomjahren vor dem Ersten Weltkrieg verdienten die südafrikanischen Farmer in Südafrikas Karoo-Steppe ein Vermögen mit den Straußenfedern, wovon die Villen der „Federbarone" in Oudtshoorn zeugen. Über 750000 Strauße züchtete man damals in der kleinen Karoo. In den 1930er-Jahren allerdings kamen die Federn aus der Mode. Spätestens mit dem Siegeszug des Automobils in gehobenen Kreisen wurden große Hüte mit Straußenfedern unpraktisch und somit unmodern. Südafrikas Zuchtbestände sanken, und die Straußenfarmer sahen sich gezwungen, ihre Tiere anders zu verwerten.

Vielseitig verwendbar

Noch heute siedeln in der Umgebung von Oudtshoorn rund 200 Straußenfarmer, ist die Straußenzucht in der gesamten Region ein wichtiger Wirtschaftszweig. Hier soll es die weltweit höchste Anzahl Strauße geben, Schätzungen zufolge 90 % des Weltbestandes. Allerdings sind die goldenen Zeiten der Straußenbarone in Oudtshoorn vorbei, viele Züchter kämpfen heute ums Überleben.

Federn werden immer noch in alle Welt versandt, etwa zum Karneval nach Rio de Janeiro oder zum Pariser Lido, wo sich Tanzgirls mit Straußenfedern ihre Blöße bedecken. Da Straußenfedern von Natur aus antistatisch und daher hervorragend geeignet sind, schonend und effektiv empfindlichste Gegenstände von Staub zu befreien, werden sie auch in der High-Tech- und Autoindustrie benutzt.

KROKODIL-RAGOUT MIT STRAUSSENFLEISCH AUF GEMÜSESAUCE

Größere Geschäfte aber macht man heute mit dem Fleisch und der Haut der Laufvögel. Von einem Strauß – im 14. Monat ist er schlachtreif – erhält man rund 35 kg hochwertiges Fleisch. In Farbe und Struktur gleicht es bestem Rindfleisch und kann auch so zubereitet werden; vom Geschmack her ähnelt es Rinderfilet, hat aber auch Anklänge von Pute. Darüber hinaus hat es die Vorzüge von Geflügelfleisch: Es ist sehr mager (1 – 2 % Fett), cholesterin- und kalorienarm, trotzdem zart und schmackhaft. Nach der Schlachtung wird das Fleisch vakuumverpackt und 24 Stunden gekühlt gelagert, wodurch das Fleisch reift. Das Straußenfleisch, das in Deutschland in den Handel kommt, stammt meist nicht aus Südafrika, sondern aus den ca. 200 Straußenfarmen in Deutschland.

Begehrte Noppenhaut

Begehrt ist auch die Haut mit ihren charakteristischen Noppen, die zu kostspieligen Lederjacken, Gürteln, Handtaschen etc. verarbeitet wird. Vor allem in puncto Haut ist eine artgerechte Haltung unerlässlich. Denn wäre ein Strauß in einen Käfig eingesperrt, bekäme er eine dünne und fleckige Haut.

Am größten flugunfähigen Vogel Südafrikas lässt sich allerdings noch mehr verwerten. Die Eier erreichen einen Durchmesser von bis zu 15 cm und werden als Souvenirs verkauft; ihr Inhalt entspricht ca. 24 Hühnereiern, aus denen sich etwa 10 Omeletts braten lassen. Die pulverisierten Zehen sind in Ostasien als angeblich potenzsteigerndes Mittel begehrt, die Knochen eignen sich noch als Tiermehl. Und nicht zuletzt besitzt das Straußenfett eine hypoallergische und entzündungshemmende Wirkung und eignet sich für Patienten mit Schuppenflechte, Neurodermitis und Akne. Immer wieder weisen Straußenfarmer darauf hin, dass von einem geschlachteten Strauß kein Abfall übrig bleibt.

Tier der Superlative

Der Strauß ist ein Tier der Superlative! Er ist der größte Vogel der Welt: Seine Höhe kann bis zu 2,75 m betragen, und er er-

ANTISTATISCH: STRAUSSENFEDER

reicht ein Gewicht bis zu 150 kg. Das Straußenweibchen legt die größten Eier: Ein einziges Straußenei wiegt ca. 1,6 kg, ist 16 cm lang und 13 cm breit; die Schale ist 2 mm dick. Die Jungen des Straußes haben von allen Vögeln beim Schlüpfen das größte Gewicht: Keines wiegt weniger als 1 kg. Der Strauß ist der schnellste Laufvogel der Welt: Im Kurzstreckensprint kann er bis zu 70 km/h erreichen.

STRAUSSENLEDER MIT TYPISCHEN NOPPEN

In der Wildnis werden die flugunfähigen Vögel bis zu 40 Jahre alt. Die Brutzeit beträgt etwa 40 Tage; Männchen und Weibchen wechseln sich bei der Brutpflege ab. Zu ihren größten Feinden zählen Löwen, Schakale und Leoparden. Im Allgemeinen sind Strauße nicht aggressiv, aber die an ihrem schwarzen Gefieder mit weißen Flügel- und Schwanzfedern und ihrer im Erregungszustand erröteten Haut erkennbaren Hähne (die Weibchen tragen ein eher unscheinbares, erdbraunes Gefieder) gebärden sich durchaus temperamentvoll, wenn sie sich bedroht fühlen und keine Möglichkeit mehr haben, davonzulaufen.

Taekwondo-Künstler

Zuerst vernimmt der unerwünschte Eindringling eine Art Brüllen, das dem eines Löwen nicht unähnlich ist. Hilft das nichts, zeigt der Strauß wahre Taekwondo-Künste; mit einem gezielten Tritt kann er dabei einen Löwen oder einen Menschen töten. Hin und wieder kommt es auf Straußenfarmen deshalb zu tödlichen Unfällen. Unsinn ist, dass der Strauß bei Gefahr seinen Kopf in den Sand steckt, wie ein Sprichwort lautet. Vor allem brütende Strauße pressen ihren Körper flach auf das Nest, breiten ihre Flügel zur Seite aus und drücken den langen Hals mitsamt Kopf platt auf den Boden, so dass er aussieht wie ein abgestorbener Ast. Meist geht die Rechnung auf: Das Nest wird nicht bemerkt – und die Brut bleibt unbehelligt.

Ausgewählte Straußenfarmen

In Oudtshoorn sind mehrere Straußenfarmen ansässig, die Touristen ein 45- oder 90-minütiges Programm anbieten. Man sieht Zuchtanlagen, kann testen, wie hart die Schale der Eier ist (eine Eierschale hält dem Gewicht eines Menschen problemlos stand) und eventuell beobachten, wie die kleinen Küken aus den Eiern schlüpfen. Es werden auch Gerichte mit Straußenfleisch angeboten. Auf eine weitere Attraktion – den Ritt auf einem Strauß – sollte man besser verzichten; zahlreiche, ebenfalls für Touristen zugängliche Ostrich Farms der Gegend bieten Straußenritte wegen Tierquälerei nicht an.

Die meist besuchten und täglich geöffneten Straußenfarmen:

Highgate Ostrich Show Farm (Tel. 044/2727115, www.highgate.co.za)

Safari Show Farm (Tel. 044/2727311, www.safariostrich.co.za)

Beide liegen nahe der R 328 ca. 10 km südwestlich von Outshoorn.

Cango Ostrich Farm (Tel. 044/2724623, www.cangoostrich.co.za) zwischen Oudtshoorn und den Cango Caves.

Strauße in der Zuchtfarm Oudtshoorn

ANREISE

South African Airways (www.flysaa.com) und Lufthansa (www.lufthansa.com) fliegen täglich nonstop von Frankfurt am Main nach Johannesburg und mehrmals wöchentlich von Frankfurt am Main nach Kapstadt. LTU (www.ltu.de) offeriert Direktflüge von Düsseldorf und München nach Kapstadt. Andere Airlines bieten Umsteigeverbindungen über ihre jeweiligen Heimatflughäfen nach Johannesburg und Kapstadt an. Die Flugdauer von Deutschland nach Südafrika beträgt rund 10,5 Stunden. Man sollte über Nacht fliegen und vormittags ankommen.

AUSKUNFT

In Deutschland: South African Tourism, Friedensstraße 6–10, 60311 Frankfurt, Service-Tel. 0800/1189118 (kostenfrei), Tel. 01805/722255 (0,12 €/min.), Fax 069/280950, E-Mail: info.de@southafrica.net, www.southafricantourism.de

In Südafrika: South African Tourism, Bojanala House, 90 Protea Road, Chislehurston, Johannesburg 2196.

AUTO FAHREN

In Südafrika herrscht Linksverkehr. Es besteht Anschnallpflicht, die zulässige Alkoholgrenze beträgt 0,5 Promille. Besucher des Landes benötigen einen Internationalen Führerschein. Die Höchstgeschwindigkeit liegt bei 120 km/h auf Autobahnen, 100 km/h auf Landstraßen und 60 km/h innerhalb geschlossener Ortschaften. Die Missachtung der Verkehrsregeln wird streng geahndet, Geschwindigkeits- und Alkoholkontrollen sind häufig.

Mitglieder eines Automobilclubs erhalten von der Automobile Association of South Africa (PO Box 596, Johannesburg 2000, 011/7991000) vielfältige Unterstützung (Kartenmaterial etc.): www.aasa.co.za

Pannenhilfe: Der Pannendienst ist landesweit unter der kostenlosen Notrufnummer 0800/010101 rund um die Uhr zu erreichen.

BEHINDERTENHILFE

South African Airways (SAA) stellt in allen großen Flughäfen spezielle Hilfen für behinderte Passagiere zur Verfügung. Viele Hotels, Lodges in Privat Game Reserves und die meisten Camps im Kruger National Park haben einen Teil ihrer Einrichtungen dem Aufenthalt von Körperbehinderten angepasst. Nähere Informationen bei: Association for the Physically Disabled (Tel. 011/6468331, www.apd.org.za).

Tipp

Auf Flügeln ins Abenteuer

Bei aller Hingewandtheit zur Moderne ist der Blick auf die „guten alten Tage“ auch in Südafrika unverwandt. Und weil man sich in den heutigen schnelllebigen Zeiten kaum etwas Schöneres vorstellen kann, als gemächlich und mit Muße in der Welt herumzukommen, klingen die Routenbeschreibungen von Springbok Flying Safaris (Tel. 011/8242142, Fax 011/8270502, www.springbokflyingsafaris.com) wie wundersame Fabeln: Von Johannesburg über ganz Südafrika, heißt es da, oder über Botswana und Mosambik ins Herz Afrikas. Und sogar die klassische Flugroute von Anno dazumal fehlt nicht: vom Kap nach Kairo. Und dies an Bord der Grand Old Ladys internationaler Luftfahrt – in einer Douglas DC-3 oder einer Douglas DC-6! Unterwegs sind zahlreiche Stopps eingeplant, und natürlich übernachtet man nicht profan, sondern bezieht sein Quartier in Hotellegenden wie dem „Oberoi“ am Nil.

BOTSCHAFTEN UND KONSULATE

Deutschland: Deutsche Botschaft, 180 Blackwood St., Arcadia, Pretoria 0083, Tel. 012/4278900, Fax 3439401, E-Mail: GermanEmbassyPretoria@gonet.co.za; Deutsches Generalkonsulat, 19th Floor, Safmarine House, 22 Riebeek St., Kapstadt 8001, Tel. 021/4053000, Fax 4210400, E-Mail: info@germanconsulatecapetown.co.za

Österreich: Österreichische Botschaft, 1109 Duncan Street, Brooklyn, Pretoria 0181, Tel. 012/4529155, Fax 4601151, E-Mail: pretoria-ob@bmeia.gv.at; Österreichisches Generalkonsulat, 1 Thibault Square, 3. Stock, Kapstadt 8001, Tel. 021/4211441, Fax 4253489, E-Mail: kapstadt-gk@bmeia.gv.at

Schweiz: Schweizer Botschaft, 225 Veale Street, Parc Nouveau, New Muckleneuk, Pretoria 0075, Tel. 012/4520660, Fax 3466605, E-Mail: pre.vertretung@eda.admin.ch; Schweizer Generalkonsulat, 1 Thibault Sq., 26th Floor, Kapstadt 8001, Tel. 021/4183665, Fax 4183688, E-Mail: cap.vertretung@eda.admin.ch

CAMPING

Seines perfekten Straßennetzes und der zahlreichen, sehr gepflegten bis luxuriösen Campingplätze wegen ist Südafrika ein ideales Terrain für Leute, die im Reisemobil unterwegs sein möchten. Die meisten Camps und Lodges der Nationalparks und Naturreservate sind mit Stellplätzen für Wohnmobile ausgestattet.

ESSEN UND TRINKEN

Speisen: Siehe Informationen Seite 112 – 113.

Getränke: Einige feine Biersorten braut man im Land, eine Sorte kommt aus dem Nachbarland Namibia und heißt „Windhoek Lager“. Die Weine haben Weltklasse, sind dennoch zu relativ geringen Preisen zu bekommen, bei den Weingütern sogar vom Fass abgefüllt. Ein typisch südafrikanisches Getränk sind Appletisers und Grapetisers – Limonaden aus Apfel- und Traubensaft.

Nicht alle Lokale besitzen eine Lizenz zum Alkoholausschank. Dorthin nimmt man seine alkoholischen Getränke mit und zahlt eine geringe „Korkgebühr“.

Trinkwasser: Südafrika zählt zu den wenigen Ländern der Welt, in denen man Leitungswasser ohne Bedenken trinken kann. In der Provinz KwaZulu-Natal muss man allerdings auf die individuellen Hinweise achten.

FEIERTAGE

Fällt ein Feiertag auf einen Sonntag, gilt der folgende Montag als Feiertag. Offizielle Feiertage sind: 1. Januar (Neujahr, New Year's Day), 21. März (Tag der Menschenrechte, Human Right's Day), März/April (Karfreitag und Ostermontag, der „Familientag“), 27. April (Freiheitstag; erinnert an das Inkrafttreten der Übergangsverfassung und an die ersten freien Wahlen 1994), 1. Mai (Tag der Arbeit, Worker's Day), 16. Juni (Tag der Jugend, Youth Day; erinnert an den Schüleraufstand in Soweto 1976), 9. August (Nationaler Frauentag, „National Women's Day“), 24. September (Tag des Erbes, Heritage Day; ursprünglich „Shaka-Tag“ der Zulu), 16. Dezember (Tag der Versöhnung, Day of Reconciliation; ursprünglich „Day of the Vow“, „Gelöbnistag“ der Voortrekker vor der Schlacht am Blood River 1838; Gründungsdatum von „Umkhonto we Sizwe“, dem militanten Flügel des ANC 1961), 25. Dezember (Weihnachtsfeiertag), 26. Dezember (Tag des guten Willens, Day of Good Will; Zweiter Weihnachtsfeiertag).

GELD

Die Landeswährung ist der Rand (R), 1 R entspricht 100 Cent. Es gibt Banknoten im Wert von 10, 20, 50, 100, 200 und 1000 Rand sowie Münzen im Wert von 1, 2 und 5 Rand sowie 1, 2, 5, 10, 20 und 50 Cent. In allen städtischen Lokalen, Geschäften, Hotels und Agenturen kann man mit

Mit dem Geländewagen durch die Drakensberge

gängigen Kreditkarten zahlen, nur auf dem Land ist das hin und wieder nicht möglich. An Tankstellen muss bar bezahlt werden. Alle Banken sind mit Geldautomaten ausgestattet, wo man mit der Kreditkarte (auch mit einigen Bankkarten, die an das Maestro-Cirrus-System angeschlossen sind) Bargeld abheben kann. Banken, Wechselstuben und Hotels wechseln Euro und Franken (auch als Travellerschecks) problemlos, die Wechselkurse der Wechselstuben sind die günstigsten.

GESUNDHEIT

Ärztliche Versorgung: In den Städten entspricht die ärztliche Versorgung europäischem Standard, auf dem Land muss man oft weit fahren, um den nächsten Arzt zu erreichen. Da Südafrika keinen staatlichen Gesundheitsdienst hat, müssen Besucher für ihre medizinische Versorgung selbst aufkommen. Es empfiehlt sich daher, eine private Reisekrankenversicherung abzuschließen.

Vorbeugung: Impfungen sind nicht vorgeschrieben. In einigen Gebieten Südafrikas ist aber eine Malariaprophylaxe sinnvoll. Auskünfte darüber erteilen Hausärzte und Tropeninstitute. Zum zusätzlichen Schutz vor einer Malariaerkrankung sollte man nach Einbruch der Dunkelheit nur noch helle und Haut bedeckende Kleidung tragen und sich mit einem Antimückenschutz eincremen. Um gegen Bilharziose vorzubeugen, sollte man in stehenden Gewässern nicht baden.

Apotheken heißen auch Pharmacy und sind während der üblichen Geschäftszeiten geöffnet. Apotheker sind medizinisch geschult und in Zweifelsfällen oder für Ratschläge ansprechbar und zuverlässig.

HOTELS

Preiskategorien

€€€€	Doppelzimmer	über 200 Euro
€€€	Doppelzimmer	150–200 Euro
€€	Doppelzimmer	100–150 Euro
€	Doppelzimmer	50–100 Euro

ADDO ELEPHANT NATIONAL PARK: €€€ **Gorah Elephant Camp**, Tel. 044/5327818, Fax 5327878, www.gorah.com, 10 Z.; komfortable Alternative zu den staatlichen Camps.

BLOEMFONTEIN: €€ **Hobbit Boutique Hotel**, 19 President Steyn Avenue, Tel. 051/4470663, Fax 4470663, www.hobbit.co.za, 8 Z.; Siedlungshäuschen, das mehrmals als das beste Gästehaus in ganz Südafrika ausgezeichnet wurde.

DRAKENSBERGE: €€€ **Cathedral Peak**

Daten und Fakten

Staat
Südafrika hat 47,4 Mio. Einwohner und ist mit einer Fläche von 1,219 Mio. km² dreieinhalbmal so groß wie Deutschland. Hauptstädte sind, im halbjährlichen Wechsel, Kapstadt und Pretoria.

Landesnatur und Klima
Südafrikas Küste erstreckt sich über 3000 km von Komkans im Westen bis nach Ponta do Ouro an der Grenze zu Mosambik. Zwei Meeresströmungen bestimmen das Klima der Küstenregionen: im Westen der kalte Benguela-Strom, während der Agulhas-Strom im Osten für subtropische Klimaverhältnisse sorgt. Das Landesinnere erstreckt sich auf einem 1200 bis 1500 m ü.d.M. gelegenen Hochplateau.

Politik
Die Republik Südafrika, unterteilt in neun Provinzen, ist eine Präsidialdemokratie mit föderativen Elementen. Der Präsident (Staatsoberhaupt und Regierungschef) wird von den 400 Abgeordneten der Nationalversammlung (Parlament) gewählt.

Bevölkerung
Vier Hauptgruppen bestimmen das Bild der „Rainbow Nation“: 79,6% Schwarze, 9,2% Weiße, 8,8% Coloureds und 2,4% Asiaten. Gesprochen werden elf Sprachen, u.a. Zulu (23,8%), Xhosa (17,6%), Afrikaans (13,3%), Englisch (8,2%).

Religion
80% der Südafrikaner bekennen sich zum Christentum und gehören einer der 4000 unabhängigen Black Independence Churches oder der Zion Christian Church an. Zugleich prägen nach wie vor die Riten und Regeln der Naturreligionen den Alltag der meisten farbigen Südafrikaner.

Wirtschaft und Tourismus
Seiner Apartheidspolitik wegen jahrzehntelang geächtet, erlebte Südafrika nach der politischen Wende 1990 einen ökonomischen Aufschwung. Mit einer Arbeitslosenrate von über 25,5% offenbart sich aber der ökonomische Zwiespalt Südafrikas. Noch immer lebt mehr als die Hälfte aller schwarzen Südafrikaner unterhalb der Armutsgrenze. Im Tourismus liegt das wirtschaftlich größte Potenzial des Landes. Die Zahl der ausländischen Touristen beträgt derzeit rund 6 Mio.

Hotel, uKhahlamba Drakensberg Park, Tel. 036/4881888, Fax 4881889, www.cathedralpeak.co.za, 121 Z.; das Hotel besitzt neben einer traumhaften Lage auch eine Hochzeitskapelle.
€€ **Montusi Moutain Lodge**, Amphitheatre, Tel. 036/4386243, Fax 4386566, www.montusi.za.net, 20 Z.; für Bergsteiger.
DURBAN: € **Holland Farm Guest House,** Tel. 032/9429042, Fax 9429045, www.hollandfarm.co.za, 6 Z.; gastfreundliche Atmosphäre in erstklassiger Lage etwas außerhalb von Durban in dem Badeort Ballito.
€€€ **The Boathouse**, Compensation Beach Road, Tel. 032/9460300, Fax 9460184, www.theboathouse.co.za, 22 Z.; ebenfalls in Ballito direkt am Meer gelegen, bezauberndes Ambiente.
FRANSCHHOEK: €€€ **La Couronne**, Dassenberg Road, Tel. 021/8762770, Fax 8763788, www.lacouronnehotel.co.za, 22 Z.; kleines, exklusives Haus.
HERMANUS: €€€€ **The Marine**, Marine Drive, Tel. 028/3131000, Fax 3130160, www.marine-hermanus.co.za, 42 Z.; das „Marine" bietet optimalen Komfort, perfekten Service und ein Restaurant mit exquisiter Küche.
JOHANNESBURG: €€ **The Kuilen Country House**, Sandton, 30 Glenluce Drive, Tel. 011/7042421, Fax 4626819, www.dekuilen.co.za, 18 Z.; klassisches Manorhouse mit elegant-schicker Wohlfühl-Atmosphäre.
KALAHARI-WÜSTE: €€€€ **Tswalu Kalahari Reserve**, Region Kuruman, Tel. 086/1879258, Fax 7819238, www.tswalu.com, 18 Z.; hier lässt sich die Tristesse aller anderen Unterkünfte in der Region vergessen.
KAPSTADT: € **Clarens Manor**, 35 Upper Clarens Road, Tel. 021/4346801, Fax 4346845, 7 Z.; Afrika „at it's best": gastlich, weltoffen.
€€ **De Waterkant Village**, 1 Loader St., Tel. 021/4092500, Fax 4186082, www.dewaterkant.com. Ca. 50 Häuschen und Apartments im szenigen Waterkant-Viertel.
€€ **Winchester Mansions Hotel**, 221 Beach Road, Sea Point, Tel. 021/4342351, Fax 4340215, www.winchester.co.za, 76 Z.; das Winchester Mansions an der Strandpromenade ist noch der Geheimtipp unter den kapstädtischen Hotels.
KNYSNA: €€€ **Phantom Forest Lodge,** Phantom Pass Road, Tel. 044/3860046, Fax 3871944, www.phantomforest.com, 12 Z.; die einzelnen Cottages der im dichten Tsitsikamma Forest gelegenen Lodge sind auf Stelzen gebaut.
€€ **The St. James of Knysna**, The Point, Tel. 044/3826750, Fax 3826756, www.stjames.co.za, 18. Z.; traumhafte Lage an der Lagune und Wohnambiente nach Manor-house-Art.
KRUGER NATIONAL PARK: €€€€ **Sabi Sabi Private Game Reserve**, Tel. 011/4833939, Fax 4383799, www.sabisabi.com, 45 Z.; Wohnkomfort auf angenehmstem Niveau, Wellness-Trakt eingeschlossen.

Geschichte

40000 v. Chr. Die San (Bushmen) bevölkern das südliche Afrika.

um 1000 v. Chr. Bantu-Stämme aus Zentral- und Westafrika ziehen in den Süden Afrikas.

1485/1488 Die Portugiesen Diego Cao und Bartolomeu Diaz umsegeln das Kap der Guten Hoffnung.

1652 Im Auftrag der holländischen Vereenigde Oost Indische Compagnie gründen Jan van Riebeeck und eine Anzahl Vryburgers, deren Nachfahren „Buren" genannt werden, in der Tafelbucht Kapstadt als Versorgungsstation für niederländische Schiffe.

ab 1680 Deutsche, niederländische und französische Siedler wandern nach Südafrika ein.

1779–1878 Kriegerische Auseinandersetzungen zwischen Weißen und Schwarzen.

1814 Die Niederlande treten die Kapkolonie an Großbritannien ab.

1835–1841 Etwa 6000 Buren ziehen im „Großen Treck" als „Vortrekker" in den Norden des Landes.

1880/1881 Nach dem Sieg der Buren über die Briten ruft Paul „Ohm" Kruger die Transvaalrepublik aus.

1899–1902 Burenkrieg; die Briten annektieren den Oranje-Freistaat und Transvaal.

1910 Gründung der Südafrikanischen Union.

1913 Der Native Land Act, Grundlage für die Rassentrennung, tritt in Kraft.

1912 Gründung des African National Congress (ANC).

1936 Schwarzen wird das Wahlrecht entzogen.

1948 Wahlsieg der National-Partei; Beginn der Apartheidspolitik.

1960 Demonstrationen gegen das diskriminierende Pass-Gesetz enden mit dem Sharpeville-Massaker (69 Tote); der ANC wird verboten.

1961 Südafrika wird Republik.

1976 Schüleraufstand in Soweto (176 Tote).

1989 Frederik W. de Klerk wird Staatspräsident.

1990 Apartheidsgesetze werden weit gehend aufgehoben; Generalamnestie für politische Häftlinge, darunter Nelson Mandela.

1993 Nelson Mandela und F. W. de Klerk erhalten den Friedensnobelpreis.

1994 Erste freie Wahlen in Südafrika; Wahlsieger ist der ANC, Mandela wird Staatspräsident.

1999 Erneuter Wahlsieg des ANC; Staatspräsident ist seither Thabo M. Mbeki.

2004 Der ANC gewinnt mit 70 Prozent die Wahlen.

PAARL: €€€€ **Grande Roche Hotel**, Plantasie Street, Tel. 021/8635100, Fax 8632220, www.granderoche.co.za, 34 Z.; luxuriöse Wohnkultur mit dem besten Restaurant des Landes.
PLETTENBERG BAY: €€€ **The Plettenberg**, 40 Church Street, Tel. 044/5332030, Fax 5332074, www.plettenberg.com, 38 Z.; kein südafrikanisches Strandhotel kann typischer und schöner sein.
PRETORIA: €€ **Battiss-Zeederberg**, 3 Fook Island, Tel./Fax 012/4607318, www.battiss.co.za, 6 Z.; romantischstes Hideaway Südafrikas.

INTERNET

www.auswaertiges-amt.de
Wichtigste Informationsquelle zu Sicherheitsfragen in Südafrika. Darüber hinaus wird ein Überblick über Politik, Wirtschaft und Kultur des Landes geboten.
www.news24.co.za
Klatsch, Tratsch und viel Wissenswertes
www.parliament.gov.za
Sehr lesenswerte Website mit aktuellen politischen Landesinformationen
www.southafricantourism.de
Äußerst informative und unterhaltsame Website von South African Tourism, dem staatlichen Fremdenverkehrsamt
www.go24.co.za
Allround-Reiseinformationen
www.southafrica-infoweb.com/index.php
Deutschsprachiges Südafrika-Portal mit vielerlei Infos (Städte, Naturparks, Unterkünfte, Wein, Rezepte)

LITERATUREMPFEHLUNGEN

Reiseführer: Baedeker Allianz Reiseführer „Südafrika", 5. Aufl. 2006; mit großer Reisekarte, fundierten Hintergrundinformationen, ausführlichen Beschreibungen der Sehenswürdigkeiten, stimmungsvollen Bildern, verlässlichen Tipps und praktischen Reiseinformationen.
Marco Polo „Südafrika", 9. Aufl. 2006; Infos zu allen wichtigen Orten und Sehenswürdigkeiten, mit vielen Insider-Tipps, Reiseatlas und Sprachführer.

MIETWAGEN

Alle namhaften Autoverleiher sind in Südafrika angesiedelt (möglichst vorausbuchen).

NOTRUF

Genereller Polizeinotruf: Tel. 10111
Notrufzentrale: Tel. 112 (nur vom Mobiltelefon aus); Krankenwagen: Tel. 10177 (in allen Großstädten)
Notruf in Johannesburg: Feuerwehr: Tel. 011/3312222; Krankenhaus: Tel. 011/4884911
Notruf in Kapstadt: Feuerwehr: Tel. 021/4615555; Krankenhaus: Tel. 021/4049111

ÖFFNUNGSZEITEN

Banken: Mo. – Fr. 9.00 – 15.30, Sa. 8.30 – 11.00 Uhr. In kleineren Städten und auf dem Land werden ein bis zwei Stunden Mittagspause eingelegt.
Behörden: Mo. – Fr. 8.00 – 15.30 Uhr.
Geschäfte: Es gibt keine gesetzlich geregelten Ladenschlusszeiten, die meisten Läden sind Mo. bis Fr. 9.00 – 17.00, Sa. 8.30 – 13.00 Uhr geöffnet.
Postämter: Mo. – Fr. 8.00 – 16.30, Sa. 8.30 bis 12.00 Uhr.
Tankstellen: Entlang der Überlandstraßen sind die Tankstellen rund um die Uhr geöffnet, ansonsten 7.00 – 18.00 Uhr.

REISEDOKUMENTE

Es besteht keine Visumspflicht. Für einen maximal dreimonatigen Aufenthalt benötigt man lediglich einen bei der Einreise noch mindestens sechs Monate gültigen Reisepass.

REISEZEIT

Die südafrikanischen Jahreszeiten liegen den europäischen entgegengesetzt. Das Land ist ganzjährig zu bereisen. Die heißesten Monate sind der Januar und Februar, der kälteste Monat ist der Juli. Hauptreisezeit ist zwischen Oktober und März. Im Dezember ist wegen der südafrikanischen Sommerferien fast das ganze Land ausgebucht; wer Südafrika in dieser Zeit besuchen möchte, muss frühzeitig reservieren. Von Juni bis August ist es – bis auf Kapstadt und das Western Cape – sehr trocken, sodass das Gras in den Wild- und Nationalparks niedrig ist und man die Tiere gut beobachten kann.

RESTAURANTS

Preiskategorien

€€€€	Hauptspeisen	über 20 Euro
€€€	Hauptspeisen	15 – 20 Euro
€€	Hauptspeisen	10 – 15 Euro
€	Hauptspeisen	5 – 10 Euro

BLOEMFONTEIN: €€ Primi Piatti, Loch Logan Waterfront, Shop 612, Henry Street. Filiale der in Südafrika sehr beliebten Restaurantkette mit ausgezeichneten italienischen Gerichten.
GEORGE: €€€ Reel 'n Rustic Restaurant, Corner York & Courtenay St., Tel. 044/8840707. Ausgezeichnete Fisch- und Fleischgerichte. Auch die Salate und Desserts können begeistern.
GRAHAMSTOWN: €€ The Cock House, 10 Market Street, Tel. 046/6361287. Altes Siedlerhaus von 1825 mit feiner ländlicher Küche.
HERMANUS: €€ Bientang's Cave, Marine Drive, Tel. 028/3123454, www.bientangscave.com. Das Restaurant liegt in einer Höhle über dem Meer. Um einen Platz zu ergattern, muss man unbedingt reservieren!
JOHANNESBURG: €€ Kapitan's, 11A Kort Street, Tel. 011/8348048. Das indische Lokal, das hervorragende Curries serviert, gilt als das älteste Restaurant Südafrikas. In den 1950ern-Jahren kehrte hier Nelson Mandela regelmäßig ein.
KAPSTADT: €€€€ Blues, The Promenade, Vicoria Road, Camps Bay, Tel. 021/4382040, www.blues.co.za. Ausgezeichnetes Seafood-Restaurant mit Blick aufs Meer. Es gibt auch hervorragende Fleisch- und Nudelgerichte.
€ Mama Africa, 178 Long Street, Tel. 021/4261017. Afrikas Küche.
€€ The Crypt, 1 Wale Street, Tel. 021/4249426, in der Krypta der St. George's Cathedral. Einfallsreiche, gute Küche und ein originelles Ambiente.
KIMBERLEY: € Star of the West Pub & Restaurant, North Circular and Barkley Road, Tel. 053/8326463. Ältester Pub der Stadt (Anfang der 1870er-Jahre), heute Nationaldenkmal, wo einst Diamantensucher einkehrten.
OUDTSHOORN: €€€ De Fijne Keuken, 114 Baron van Reede Street, Tel. 044/2726403. Das Traditionshaus stammt aus jener Zeit, als die Federpaläste noch von Federbaronen bewohnt waren. Hier sollte man gewesen sein.
PLETTENBERG BAY: €€€ The Med Seafood Bistro, Village Square, Tel. 044/5333102. Ein Muss für Liebhaber fangfrischer Fischgerichte.
PORT ELIZABETH: €€ Old Austria, 24 Westbourne Road, Tel. 041/3730299. Österreichische Gerichte wie Wiener Schnitzel, aber auch exzellente Fischgerichte.
PRETORIA: €€€€ Brasserie de Paris, 525 Duncan Street, Hatfield, Tel. 012/3622247. Sehr feine französische Küche mit immer frischen Produkten. Auch französische Weinkarte. Gehört zu den Top-10-Restaurants in Südafrika.
STELLENBOSCH: €€€€ De Volkskombuis, Aan de Wagen Road, Tel. 021/8872121, www.volkskombuis.co.za. Leckere Gerichte und zauberhaftes Ambiente.

Reisedaten Südafrika

Flug von Deutschland
Frankfurt/M. – Johannesburg
ab 570 Euro

Inlandsverkehr
Busfahrt Kapstadt – Upington ca. 60 Euro

Reisepapiere
Reisepass

Devisen
1 € = ca. 9,43 Rand

Mietwagen
ab 150 Euro pro Woche
(unbegrenzte Kilometer)

Benzin
1 Liter Super ca. 0,62 Euro

Hotel
DZ / Frühstück: Luxuskat. ab 150 Euro,
Mittelklasse ab 80 Euro

Gästehaus
In der Hochsaison ab 35 Euro pro Tag

Menü
3 Gänge mit Wein pro Person ab 30 Euro,
Luxus ab 60 Euro

Einfaches Essen
Hauptgericht ab 6 Euro

Ortszeit
Winter: MEZ + 1 Std., Sommer: wie MEZ

TELEFONIEREN

Die Telefonnummern im Land sind 10-stellig, die Vorwahl muss immer mitgewählt werden.
Telefonkarten sind bei Postämtern, an Flughäfen, in Einkaufszentren erhältlich. Mobiltelefone können an internationalen Flughäfen und auch bei Mobiltelefon-Verkaufsstellen gemietet werden.
Vorwahlen: nach Deutschland: 0949; nach Österreich: 0943; in die Schweiz: 0941; Südafrika hat die Vorwahl 0027.

TRINKGELD

War man zufrieden, sollten etwa 10 Prozent des Rechnungsbetrags als „tip" hinzugefügt werden.

ZEIT

Während der mitteleuropäischen Winterzeit beträgt der Zeitunterschied + 1 Std., im Sommer besteht Zeitgleichheit.

ZOLLBESTIMMUNGEN

Einreise: Nach Südafrika dürfen alle Gegenstände des persönlichen Gebrauchs, zusätzlich 1l Spirituosen, 2l Wein, 50 Zigarren, 400 Zigaretten sowie Geschenke im Gegenwert von 250 Rand zollfrei eingeführt werden. Jagdwaffen können mitgebracht werden (vor Abreise mit der zuständigen Auslandsvertretung der Republik Südafrika in Verbindung setzen).
Ausreise: Produkte von Tieren, die nach dem Washingtoner Artenschutzabkommen geschützt sind, dürfen nicht ausgeführt werden; auch der Handel mit gefährdeten Pflanzen und lebenden Tieren ist strikt verboten. Bei der Ausreise besteht die Möglichkeit, die für Souvenirs und Mitbringsel bezahlte Mehrwertsteuer (VAT) zurückzuerhalten.
Wiedereinreise nach Deutschland: Für die Wiedereinreise nach Deutschland bzw. nach Österreich gelten die EU-Bestimmungen, wonach z.B. Reiseandenken bis zu einem Gesamtwert von 200 € zollfrei sind; ferner 500 g Kaffee, 100 g Tee, 1l Spirituosen, 2l Wein sowie 200 Zigaretten, 100 Zigarillos oder 250 g Tabak.

Wetterdaten Kapstadt

	Tagestemp. max.	Nachttemp. min.	Tage mit Niederschlag	Sonnenstunden pro Tag
Januar	27°	17°	3	11
Februar	27°	17°	2	11
März	26°	16°	3	10
April	23°	13°	6	8
Mai	20°	11°	9	7
Juni	18°	9°	9	6
Juli	18°	9°	10	6
August	18°	9°	9	7
September	19°	11°	7	8
Oktober	21°	12°	5	9
November	24°	14°	4	10
Dezember	25°	16°	3	11

Fette Ziffern verweisen auf Abbildungen.

IMPRESSUM

3. Auflage 2008 (aktualisiert und neu gestaltet)
Verlag: HB Verlag, Marco-Polo-Straße 1, 73760 Ostfildern, Postfach 3151, 73751 Ostfildern, Tel. 0711/4502-0, Fax 0711/4502-135, www.hb-verlag.de, info@bildatlas.de
Geschäftsführer: Dr. Thomas Brinkmann, Dr. Stephanie Mair-Huydts

Chefredaktion und Programmleitung: Rainer Eisenschmid, Birgit Borowski
Redaktion: Jörg Gensel
Text: Ann-Marie Bernardt
Aktualisierung 2008 und Savoir Vivre: Achim Bourmer
Exklusiv-Fotografie: Arthur F. Selbach, Hamburg
Zusätzliches Bildmaterial: laif/Emmler: S. 12/13, 14/15, 25; Mauritius/africanpictures: S. 35 unten; Okapia/Staebler: S. 70/71; Okapia/Dennis: S. 76 oben, 106; Wildlife/Cox: S. 77 links; Okapia/Daryl & Sharna Balfour: S. 82 oben; Stockfood/TH Foto: S. 107 oben; Stockfood/Faber: S. 108; Getty Images/Grimm: S. 109, Stockfood/Holler: S. 4 unten, 111; Stockfood/Grilly: S. 112 (2x); Stockfood/Morris: S. 114; Okapia/Manfred & Christina Kage: S. 115, oben links; Okapia/Ingo Arndt/Save: S. 115, oben rechts; Bildagentur Huber/Leimer: S. 115 unten
Titelbild: Getty Images/Heinrich van den Berg
Grafische Konzeption, Art Direktion: fpm factor product münchen
Kartografie: © MAIRDUMONT GmbH & Co. KG, Ostfildern
HB Bildatlas Fotoservice: HB Verlag, Marco-Polo-Straße 1, 73760 Ostfildern, Tel. 0711/4502-266, Fax 0711/4502-1006, a.nebel@mairdumont.com

Anzeigenvermarktung: MAIRDUMONT MEDIA, Tel. 0711/4502333, Fax 0711/45021012, media@mairdumont.com, http://media.mairdumont.com
Vertrieb Zeitschriftenhandel: PARTNER Medienservices GmbH, Postfach 810420, 70521 Stuttgart, Tel. 0711/7252-227, Fax 0711/7252-310
Vertrieb Abonnement: Zenit Pressevertrieb GmbH, Postfach 810640, 70523 Stuttgart, Tel. 0711/7252-265, Fax 0711/7252-333, hbverlag@zenit-presse.de
Vertrieb Buchhandel und Einzelhefte: MAIRDUMONT GmbH & Co KG, Marco-Polo-Straße 1, 73760 Ostfildern, Tel. 0711/4502-0, Fax 0711/4502-340
Reproduktionen: Otterbach Medien KG GmbH & Co., Rastatt
Druck und buchbinderische Verarbeitung: Neef + Stumme GmbH & Co. KG, Wittingen.
Printed in Germany

LIEFERBARE AUSGABEN

HB BILDATLAS

Deutschland

227 Allgäu
198 Altmühltal
204 Bayerischer Wald
235 Berlin
235 Berlin (englische Ausgabe)
289 Bodensee
298 Brandenburg
296 Chiemgau · Berchtesgadener Land
274 Dresden · Sächsische Schweiz
256 Eifel · Aachen
260 Elbe und Weser · Bremen
303 Erzgebirge · Vogtland · Chemnitz
190 Fichtelgebirge · Frankenwald · Coburger Land
242 Frankfurt · Taunus · Rheingau
269 Fränkische Schweiz
253 Hamburg
263 Harz
188 Hessisches Bergland
234 Hunsrück · Naheland · Rheinhessen
233 Leipzig · Halle ·Magdeburg
209 Lüneburger Heide
285 Mainfranken
307 Mecklenburgische Seen
240 Mecklenburg-Vorpommern
151 Mittelfranken
249 Mosel
165 München
255 Münsterland · Münster
281 Nordseeküste · Schleswig-Holstein
196 Oberbayern zwischen Lech und Inn
271 Odenwald · Bergstraße
219 Osnabrücker Land · Emsland Oldenburger Münsterland · Grafschaft Bentheim
155 Ostbayern zwischen Donau und Inn
211 Ostfriesland · Oldenburger Land
290 Ostseeküste · Mecklenburg-Vorpommern
277 Ostseeküste · Schleswig-Holstein
215 Pfalz
194 Potsdam · Havelland
243 Rhein zwischen Köln und Mainz
288 Rhön
208 Rügen · Usedom · Hiddensee
258 Sachsen
286 Sachsen-Anhalt
268 Sauerland
200 Schwäbische Alb
266 Schwarzwald · Norden
214 Spreewald · Lausitz · Märkisch-Oderland
247 Südlicher Schwarzwald
224 Sylt · Amrum · Föhr
182 Tauber und Neckar · Stuttgart · Heilbronn · Rothenburg
173 Teutoburger Wald · Ostwestfalen
261 Thüringen
301 Thüringer Wald
202 Trier
237 Weserbergland

Benelux

246 Amsterdam
187 Flandern · Brüssel
275 Niederlande

Frankreich

160 Atlantikküste
278 Bretagne
217 Burgund
225 Côte d'Azur · Monaco
222 Elsass
221 Korsika
295 Normandie
229 Paris
192 Provence
184 Südfrankreich · Languedoc-Roussillon

Griechenland

193 Athen · Peloponnes
189 Korfu · Ionische Inseln
228 Kreta
310 Zypern

Grossbritannien · Irland

294 Irland
197 Kanalinseln
175 London
231 Nordengland
304 Schottland
241 Südengland
216 Wales

Italien · Malta · Kroatien

195 Adriaküste · Emilia-Romagna
239 Gardasee · Trentino
309 Golf von Neapel · Kampanien
265 Italienische Riviera
282 Italien · Norden
238 Kroatische Adriaküste
254 Malta
210 Mittelitalien: Marken · Umbrien · Abruzzen
270 Oberitalienische Seen · Mailand
230 Piemont · Aostatal
226 Rom
264 Sardinien
232 Sizilien
201 Süditalien: Apulien · Basilikata
207 Südtirol
267 Toskana
181 Venedig · Venetien · Friaul · Triest

Mittel- und Osteuropa

292 Baltikum
164 Böhmen
280 Bulgarien
283 Danzig · Ostsee · Masuren
248 Prag
291 St. Petersburg
244 Südpolen
306 Tschechien
297 Ungarn

Österreich

162 Burgenland
293 Kärnten
199 Niederösterreich · Wachau
218 Oberösterreich
220 Salzburger Land · Salzkammergut · Salzburg
174 Tirol
206 Wien

Schweiz

305 Schweiz
302 Tessin
191 Westschweiz

Spanien · Portugal

236 Algarve · Lissabon
223 Andalusien
287 Barcelona
150 Costa Blanca
262 Costa Brava
176 Gran Canaria · Fuerteventura · Lanzarote
213 Ibiza · Menorca
259 Kanarische Inseln
245 Lanzarote
212 Mallorca
203 Nordportugal
205 Nordspanien
177 Teneriffa · La Palma · Gomera · Hierro

Skandinavien

183 Bornholm
279 Dänemark
186 Jütland
180 Nordnorwegen
276 Norwegen · Süden
169 Südfinnland · Helsinki
250 Südschweden · Stockholm

Türkei

252 Türkische Mittelmeerküste

Außereuropäische Ziele

273 Australien Osten · Sydney
284 China
251 Kanadas Westen
299 Neuseeland
272 New York
257 Südafrika

Länderübergreifende Bände

308 Donau

HB BILDATLAS SPECIAL

Afrika · Naher Osten

67 Ägypten
64 Arabien: V. A. Emirate · Oman · Kuwait · Qatar · Bahrain
52 Indischer Ozean: Madagaskar · Mauritius La Réunion · Seychellen · Komoren
72 Marokko
61 Namibia
71 Tunesien · Libyen

Australien · Ozeanien

45 Australien: Westen

Europa

54 Madeira · Azoren · Kapverden

Süd- und Südostasien · Ferner Osten

10 Hongkong
53 Indien: Rajasthan · Delhi · Agra
69 Philippinen
34 Sri Lanka und Malediven
49 Südkorea
70 Thailand
36 Vietnam

Süd- und Mittelamerika · Karibik

44 Argentinien
57 Chile
55 Dominikanische Republik · Haiti
63 Ecuador und Galápagos-Inseln
60 Jamaika
65 Kleine Antillen: Antigua Guadeloupe · Martinique · Barbados u. a.
73 Mexiko
51 Peru

USA · Kanada

58 Alaska
62 Florida
2 Kalifornien
68 Las Vegas · Grand Canyon
46 Neuengland · Boston
56 Nordwesten: Washington · Oregon
66 Route 66
26 Südwesten: Nevada · Utah · Arizona · New Mexico
59 Texas

HB BILDATLAS SONDERAUSGABEN

Ski-Special Alpen 2008
Alpen Special 2008